追い立てられる社会
自立へ

広瀬義徳＋桜井啓太 編
HIROSE Yoshinori + SAKURAI Keita

インパクト出版会

自立へ追い立てられる社会

目次

第2部 自立社会の新たな統治性

第3部 自由な生の可能性

序文

本書を編んでいた二〇一九年五月二八日、川崎市で五一歳の男性が私立小学校の児童ら二〇人を殺傷し、直後に自らも自殺するという事件が起きた。

事件後の報道では、長期のひきこもり状態だった男性に対して、同居の伯母が数ヶ月前に「自立してはどうか」という趣旨の手紙を二度渡しており（市の相談機関職員の助言だったらしい）、男性は「自立しているじゃないか」といきり立って反論したという。のちにビリビリに破かれた手紙が家の中から見つかっている。そしてその翌月、男性は事件現場に持ち込んだ刃物四本を購入していた（「自立促す手紙、ビリビリに　容疑者が反発か　川崎殺傷」朝日新聞デジタル、二〇一九年六月二七日）。

記事では専門家の意見を取り上げ、ひきこもり当事者は外に連れ出そうという動きに危機感を持つので、性急に自立を求めずに内容を考えるべきであったと市の助言を疑問視している。しかし、助言や手紙はそれ自身が今の社会の空気に背中を押されたものではなかっただろうか。

二人の人命を奪い十八人の子どもを傷つけた彼の行為は到底許されるものではない。けれどもこの男性を「異質な他者」とレッテルをつけて安心してしまわずに、彼を凶行に駆り立てた背後にあるものを問うてみたい。そこにはわたしたちの社会に蔓延する目に見えない抑圧的な〝何か〟がひそんでいるように思えるからだ。

手紙を渡すように助言した市職員、何十年も甥を扶養した末に「自立してはどうか」と請うた伯母夫婦、「自立しているじゃないか」と叫び返して憎悪をより弱い子どもへと向けた男性。そしてその事件報道をテレビで見つめるわたしたち…。今のこの社会は、みなが「自立」という言葉に取り憑かれているようにみえる。

わたしたちは、この本のなかで「自立」という呪いに追い立てられる社会について考えたい。そのような思いを込めて『自立へ追い立てられる社会』というタイトルをつけた。

本書の目的は、教育・福祉・労働・メディアなど様々な領域・分野・業界で現れている社会状況の変化の諸相を丹念に読み解きながら、わたしたちの生の在り方、そして社会の統治における「自立」と「依存」の関係性を根本的に問い直し、そこから分断や排除、抑圧性をより小さく減じていく方向性を示すことにある。

社会配分研究会が前著を出版したのは二〇一三年であった（桜井智・広瀬編 二〇一三）。そこには、一九七〇年代後半から低成長期に移行した先進社会において、それまで格差や差別、孤立や分断、排除など抑えられていた社会問題が再び浮上し、深刻化する状況が生み出されているとの時代認識があった。その上で、国策の失敗や資本の狭知をただ批判して、あるべき主体の権利を対置するような認識枠組が破綻したいま、近代以来わたしたちの多くが想定してきたその〝主体〟自体を揺るがせる社会状況の出現に目を凝らす必要があった。その内部にある当事者としての違和感や疑問を大切にすること、その生活レベルでの微細なズレや裂け目が、マクロな制度・政策の遂行それ自体に過剰包摂されて密封されないために重要な契機であるという立ち位置を示した。

あれから六年を経て議論を重ねる中で、この社会配分研究会のメンバーが感得する違和感や疑問、怒りは何に向けられるべきものかがより明確になってきた。本書の全体が、「自立へ追い立てられる社会」を問うというコンセプトで書かれることとなったのはその結果である。

世界的には、一九七〇年代後半から一九八〇年代初頭に、アメリカ合衆国、英国をはじめとする先進諸国の一部で「新自由主義」と呼ばれる政策アイデアが伝播し、日本でも中曽根政権下での臨調行革提言の実行がその先駆けとなったといわれる。低成長経済への移行は、まず財政支出削減のための社会保障制度改革、福祉給付・サービスの見直しを政治課題として浮上させた。またそれと連動するように、労働分野における規制緩和としての非正規・不安定雇用の増大などが労働関係法の改正によって進められ、基幹労働者層でも終身雇用制の解体、能力主義賃金制度の導入、早期退職制度の活用などが始められた。

渋谷望は、一九八〇年代を通した日本社会の分析のなかで、「社会参加」という言葉を、「自己実現」

ないし「生きがい」といった言葉に接合することで、労働と福祉給付をフレキシブルなものへと変遷させたと指摘する。これにより公的年金の支給開始年齢の引き上げを狙う国家の福祉政策と、労働市場での高齢労働者の早期退職を狙う企業の思惑は合致する。このアプローチが欲するのは自己実現の名のもとに、労働（経済）の領域と社会の領域をフレキシブルに行き来する〝主体〟である、と述べている（渋谷二〇〇三、五七頁）。

こうした中で改めて喧伝されてきたのが、個人の「自立」とそのための「能力（学力を含む）」向上に向けた支援・開発の強化という新たな統治の姿にほかならない。ポスト冷戦体制後のグローバル経済を「生き抜く」ための戦略的選択肢は、アクティブ社会／アクティブな主体形成以外にないのだという声が大きくなっている。

ここでは、他者へ「依存」した状態から自己が脱却し、自律的に意思決定することが個体の成長として目標化される。公的機関や福祉に「依存」した状態から脱却して「自立」生活することが、経済成長を助ける生き方であると人々を追い立てる。この統治の在り方こそ、わたしたちの違和感や疑問とするものの正体ではないか。いまわたしたちが生きる場では、個人の「自立」が、原理的にも何らか他者に「依存」しているという人間の常態と切り離された形で過度に価値化され、他者とは、競争的な環境下で互いに反目や出し抜き、支配か従属かのゲームに従う利己的な主体として外在するかのようである。だから、この生の舞台設定それ自体を問う必要がある。

その際、ここ数十年で生まれてきた新たな状況をリアルに問うことと、そもそもわたしたち人間にとって他者に「依存」する状態とはそれほど貶められるべきことなのかといった原理的な問いが同時に必要となる。実際のところ「依存」可能な他者との関係が複数あるなかで何ほどか自己の自己性が表出することを「自立」と呼んでいるに過ぎないのではないか。発生論的にみても、自己を構成する内部として他者性の取得がない個人など存在しないのではないか。こうした一連の問いは、遡行すれば多くの近代的な学問と思想が想定してきた人間像ないし社会像の問い直しにまで帰着する。特に理性・自律性を有した主体への上向的な発達・形成という幼児期から始まる「教育への関心」が近代啓蒙思想の中核にあるとすれば、その再考は全体における要ともなる（森田 二〇〇〇）。

そのため、本書は、今日の社会が、ますます他者と分断された「自立」像によって支配された社会となり、わたしたち自身が主体的にそこに馴致されつつある状況をリアルに問うが、その問いの射程は近代的なものの根源にも及ぶ。

誤解のないように述べれば、いま人の「自立」（しているとされる状態のすべて）を全称否定し、他者の意志に従属すべきだという自己滅却思想に回帰・帰依しようというのではない。また、「自立」を問うとしても、一枚岩の共同体を実体化し、それへの埋め込みにおいて生きる個人をこそ道徳的な「生」の実現として言祝ぐ立場とも違う。そうかといって「自立」と「甘え」のバランス回復こそが人格形成にとって普遍的意義を有するとの常套句を繰り返すことに甘んじるのでもない。そして公助が酷薄な現代世界を生きるには、何より未完のプロジェクトとしての「強い個人」の育成強化とその自助を前提とした共助しか残されていないとする立場とも異なる。

これらのいずれでもない位置取りにおいて、わたしたちが求めるのは、この「自立支配」社会の舞台上で自己を自律的な意志のあるパフォーマティブな主体として常に努力しつつ活性化させる強迫的な日常からの自由である。

各章の叙述が示すように、この統治性が支配的な管理空間・システムは公的私的部門の領分を揺るがせながら拡張しており、その内なる外部としての「余白」や「遊び」さえ回収の危険性にさらされている。逃げ場やアジールとて常に消失の危険性に伴われている。PDCAサイクルを廻し、アウトプットとしての評価スコアを上げ続ける限りでは「成果」があり説明責任（アカウンタビリティ）が果たされたと見なされ、給与や資金、機会の獲得に結びつけられる「恩恵」に浴せる。それはテレビ業界の視聴率競争しかり、二〇〇〇年代のOECDによるPISAをはじめ、米国や日本で導入されているハイステイクス・テストしかりである（北野他 二〇一八）。そうした評価システムの操作的道具が、多くの子どもや大人を追い立てている。だが「成果」が達成できなかったら、また適う条件に欠ける人々は、いよいよ結果としての不調や不利には個人的ではない複数の社会的要因があることを無視されて、自己責任を負わされる。

このループからの解放が実践的な課題である。技術の進展によるメディアを媒介した情報通信は多様な情報の回路を生み出す一方で、人々の意識と行為を同一方向へと経路づける上で「逸脱」を許さない多数派の空気づくりにもコントロールを及ぼしている。多数派と異なるマイノリティへの、あるいは現在の統治から逃れようとする者や「自立」していないと見なされる「依存」状態へのバッシングは、勤勉道徳的な正論でもって「自立支配」の統治を補強している。

米国でも、「右派」市民層の間に、高まる競争による平等意識の下で、順番を違えた「割り込み」や無責任な「フリーライダー」として、「不法」就労の移民や生活保護受給者を非難する物語が共有されているという（ホックシールド 二〇一八）。こうした捻じれた物語は、特定の人々を「依存する人々」と見なして敵愾心を煽る。編者の一人である桜井は、別著ですでに日本の社会保障分野において特殊であった「自立支援」という言説・政策が多角的に展開され、人々を分断しつつ包囲していく様相を切り出して見せた（桜井啓 二〇一七）。

この間に強化されてきた人々の間の分断や孤立、排除や抑圧といった問題を、この時代状況の中でできるだけリアルに捉えながら、またそれが近代以降の「自立」幻想に憑りつかれていることを問う必要がある。個人の自由意志による社会契約で成立する自由民主主義の法治国家という近代モデルは、どこまでいっても仮構（フィクション）でしかない。様々なバリエーションで語られてきた「近代の超克」論や「ポスト・リベラリズム」論などの問題提起は成功しているだろうか。新たな統治に囲まれつつある現実の中で、現在支配的な在り方と別な生のスタイルをどう構想すべきか。

本書は、上述したような問題意識から、まず第1部で「自立と依存」をめぐる思想的・社会理論的な議論に取り組む。次に、第2部で「自立社会」の新たな統治の諸相をそれぞれの領域・分野に即した具体的な出来事、言説、実践、制度・政策から丹念かつリアルに捉える。最後に、第3部で、「共に生きる」経験と知を拡張し、この新たな統治を再反転して、自由な生をつかみとっていくための契機や視点を提示する。
以下では、各部各章の概要を示し、読者への道案内としたい。

〈第1部〉

第1章は、今日、学校教育、家庭、労働といった様々な領域で、わたしたちを追い立てるようにして自立した個人（主体）への要請が強まっている。しかしそこにはそもそも人間存在の構造に対する近代的な忘却がある。そのため、この新たな統治の問題に対しては、社会的な「生」が他者への「依存」を常態としかつ「共生」の基盤を有することをふまえた上で、人々を分かつ「所有的個人主義」や「自己所有権」論を超えて、「依存」の復権を図ることが必要であることを述べる。

第2章は、自立の対概念「依存」をテーマに、現代社会の依存概念について、アルコール、薬物依存、共依存の定義から逆照射する。そこで前提とされる近代個人の自己コントロール／自己統治幻想を暴くことで、仮構としての自立（自律）した強い個人像ではなく、依存した弱い個人を原理としたオルタナティブな社会を構想する。

第3章は、資本主義の終末期が、貧困や自立主義を顕在化させている現状を問う。自立主義とは、配分の不備により資本制を機能させる概念である。構造的な競争状態をつくる資本制社会と、それに伴い強化される自立主義のダイナミズムと思想状況を検討し、反自立の展望について論じる。

〈第2部〉

第4章は、第2章の筆者が展開した「依存」概念の分類を用いて福祉依存を取り扱う。生活保護バッシングと社会福祉における自立支援の展開、一見すると異なる二つの立場が実は「依存の隠蔽と自立信仰」という共通の価値規範のもとにあることを明らかにする。

第5章は、現代社会における労働のフレキシブル化の中で、特に「高度人材」というカテゴリーを取り上げ、そこに孕まれる魅力と危険性について論じる。「高度職業人」に適用される裁量労働制は、労働者自身に自己責任を負わせる形で今日の統治を遂行的に実現する。そのフレキシブルな働き方の受容が、かえって生活(時間)の自由や自律性からわたしたちを遠ざけないか改めて考える。

第6章では、民間放送局で報道に携わってきた筆者が、憲法と放送法が報道の自由を保障してきたものの、近年のテレビ報道においてジャーナリズム機能が痩せ細ってきている原因を探る。制作者が多数派の嗜好を忖度し、政治権力と資本からのコントロールを自己目的として内面化している姿を見つめた。

第7章は、フリースクール/オルタナティブスクールの関係者らが自ら進んで、国家の教育施策の庇護を求めた教育機会確保法の動きを取り上げ、その背景に潜む「学校化」の問題と、子どもを「自立」に向けて「学ぶ主体」へと統治していくことの危険性を明らかにする。

第8章では、学習指導要領を題材に、高校家庭科教育における自立的生活主体の育成を分析し、それらが個人化された生活問題への対応に終始し、わたしたちが生きる基盤とする相互依存関係を覆い隠すことを示した。

第9章は、二〇〇〇年代の教育関係法改正や新学習指導要領の改訂、そしてOECDのDeSeCo（Definition and Selection of Competencies）などに見られる最先端の「学力」論に意義を見つけるのではなく、むしろ個で「学力」を身に付けて社会問題を乗り越えようとする教育論に限界を見て取る。生産の主体としての個に求められるその「力」こそが共同的・協働的なものであり、生きていく／いる基盤としての共同性の中にあることを再確認する。

第10章では、地域社会と公教育の関係性を問い直し、公教育研究が理論的に未整備である状況を明示的にする。それと同時に、公教育研究の理論的深化は、現代社会が強要する「自立」という問題構造を再審する視座を与えてくれることを論じる。

〈第3部〉

第11章は、子どもたちを取り巻く環境が、個別のニーズに対応した学習支援に包囲されつつあるが、このことを学校におけるアジールの管理という視点からとらえ返すとともに、管理された空間にあったとしても、子どもたちはアジールを探し求めることを描出しようと試みる。

第12章は、「不登校」の子どもたちへの処遇として、社会はさまざまな方途を考え、フリースクールもその一つとされる。しかし学校の問題を根本的に批判し、相対化していくはずのフリースクールが、今や不登校の「受け皿」とされ学校を補完するものになってしまっていることを問う。子どもを登校できるようにすること、または学校並みの学習をすることが「自立」だと考えるフリースクールもあるなかで、本来の子どもの居場所とは何かを再考する。

第13章では、ドキュメンタリー映画「みんなの学校」の企画者である筆者が、障害児が排除され続けてきた近代の学校制度を振り返り、現在の特別支援教育体制も普通学級の教育効率のためのものである点で地続きであることを指摘する。障害のあるなしにかかわらず、数値化できる能力を個人が身につけることが、人を排除しないという社会正義よりも重視されるという価値観の歪みがそこにある。

第14章は、保育が「教育化」されていく歴史を明らかにし、能力主義社会の保育現場における発達への信仰や自己責任論、それらにより人々が分断されている構造を問う。リアルな保育のエピソードから個別発達支援の問題をとり上げ、自由な保育の在り方を提起する。

第15章では、普通学校就学を望む障害のある子どもたちと登校拒否・不登校をする子どもたちが目指した目標の類似性・共通性から始める。それは市場価値を高め経済成長に資する「人材」として育成され、自立した個人として生きることを強いる国家と市場社会への拒否と逃走であった。闘争を失速させる状況に抵抗する戦略をゾミアにならい、日常に無国家空間＝無教育空間を出現させることの重要性を提唱する。

以上、それぞれは単独の論稿として読むことが可能な内容になっているため、興味関心の所在に従ってどの章から読んでもらっても構わない。拾い読みを続けてみたら、論稿相互で織りなす本全体のトーンや広がりが発見されるだろう。全体として本書の挑戦がどう響くかは、読者相互の批評に待ちたい。

なお、本づくりに当たっては各執筆者の間で討議を重ねながら基本的な認識や議論の方向性について共有に努めたため、各章の内容に大きな齟齬は少ないと思うが、表現の仕方や叙述については執筆者に一定お任せした。

広瀬義徳・桜井啓太（編者）

参考文献

北野秋男・下司昌・小笠原喜康『現代学力テスト批判』東信堂、二〇一八年
桜井啓太『〈自立支援〉の社会保障を問う』法律文化社、二〇一七年
桜井智恵子・広瀬義徳『揺らぐ主体／問われる社会』インパクト出版会、二〇一三年
渋谷望『魂の労働――ネオリベラリズムの権力論』青土社、二〇〇三年
A・R・ホックシールド『壁の向こうの住人たち』岩波書店、二〇一八年
森田尚子「啓蒙」教育思想史学会編『教育思想事典』勁草書房、二〇〇〇年、二四五―二四八頁

第1部

なぜ自立を問うのか

第1章

自立・自律した個人という幻想と「共生」の根拠

——広瀬義徳

はじめに

教育、家庭、労働、福祉といった社会のあらゆる領域で、自立した個人（主体）というものが、わたしたちのあるべき自画像として浸透し、それに従って各人が他者に依存しない責任ある自己を演じているように見える。そのため、幼少期から個人化された能力を発達・成長させて自己実現を図るよう仕向けられている。近年では、グローバル経済を生き抜くためによりアクティブな自立的市民へと主体化することが時代の要請となっている。全国の学校で実施される各種のハイステイクスなテストにしても、知識・技能のみならず思考力・表現力・判断力、主体的に学習する態度までを測定・評価し、子どもから大人までが振り回されている。しかし、それらが自立的市民の資質を約束するものかは甚だ怪しい（北野二〇一一）。

ここで想定されているような個人とは、本当にわたしたち自身の忠実な姿なのだろうか。わたしたちの社会は、近代以降、自立的主体観なるものに高い価値を付与してきた。封建制身分社会からの解放を求め、近代市民社会を理念的に正当化したのが、権利主体としての自立した個人というプロジェクトであった。

ところが、新たな形の統治性[1]に移行した今日、自立性や主体性の留保なき強調は、社会問題の解決よりもかえってわたしたち自身の多くを息苦しくさせている。過去数十年間にわたって日本で生じてきた社会意識の変化は、学校化・高学歴化が進行し、雇用労働が一般化して当然となった結果、業績主義的な価値観が浸透したことを示している（数土編著二〇一八）。そうして人々の間に格差や関係不全といった状況を受容する社会意識が広がってきた。

本章は、このような時代診断に立ち、そもそもわたしたちの社会的な「生」が他者への「依存」を常態とするにも拘らず、近代的な「自立」モデルはその存在の構造を忘却していること、だから、その延長上に出現した今日的な統治の問題には、近代以来の「自立・自律」への強い志向を相対化し、「依存」を独自に復権する必要性があることを論じる。

1. 人間存在における関係の第一次性と「共に生きる」根拠

(1) 自己を構成する他者性とその忘却による自己の私有化

わたしたち人間の「生」における関係の第一次性と自己の社会的構成について述べることから始めたい。自分「の」能力(やその外形化としての業績)とは何なのか。大庭の分析によれば、わたしたちは、物ではない人格として相互に承認し合い、呼びかけ応答する関係によってはじめて、それぞれに自己でありえている。それにもかかわらず、これらの関係を支えている能力や身体、生命をこの「の」という助詞によって自己につなげ、「私の能力・身体・生命」として囲い込み、私有化する根深い思考習慣がある。しかし、自己とは、他者との呼応を経て、自己の中に他者性を組み込みつつそれを自己として再定義する累積過程によって世界内に構成される。だから自分とは、そもそも他者との関係によって媒介されない直接の所与などではなく、はじめから他者に「依存」して成立している。自己の存立に先立って他者との関係があるという意味で関係にこそ第一次性があり、それが「共存」の根源的な根拠なのである。

この人間存在の構造を忘却するところから、私有化による「共存」可能性の縮減が始まる(大庭二〇〇九)。お互いが呼応可能な関係にあり、呼びかけ応ずる相互行為があるということ、これが他者の排除や搾取、差別などによって分断されるとき、「共に生きる」ことの困難が生じる。

ここで言いたいのは、単純な意味での利己主義の批判や利他的行動の称揚ではない。「利己性」や「利他性」と呼ばれるものも、先の忘却の下で自己が私有化された地平で、「他者のものではない私のもの」

と「私のものではない他者たちのもの」の分裂から生じる。こうした思考習慣は広く浸透しており、この分裂自体が、「共に生きる」人間にとって核心的な条件である「私のものの中にある他者たちのもの」、すなわち自己が他者に「依存」して構成されているという「共生」の根拠を見失わせる。この忘却こそが問題なのだ。

(2)「所有的個人主義」をベースとする自立的主体観の成立とその反転

ところが、自立した個人主体なるものを道徳的な善とし、それを社会契約の基礎単位と見なすことが、近代以後の思想では主流であり続けてきた。その思想水脈はデカルトのコギト論やカントの自由意志論、ロックの自己所有論など西洋近代に遡行することができる。日本社会はこれを明治期以後に「輸入」し、近代学校教育やメディアなどを通して普及させてきた。この観念は、特定の党派勢力が信じる考え方以上の何かとしてである。

人間の存在論的な特徴とは、常にすでに他者の存在が「功利」「快楽」「歓喜」の源泉であるだけでなく、「受苦」「不快」「負担」の源泉でもあるという点にある。それは人間の「生」の充実や不幸の不可避的な条件であり、「自立」を獲得すれば逃れられるようなオプションではない。

こうした人間存在の不可避的な条件を否認した上に措定される自立的主体観は、具体的には一七、一八世紀のイギリスを舞台に旧体制への挑戦と革命の中で提示された「所有的個人主義」をベースに成立したものであった（C・B・マクファーソン　一九八〇）。この考え方は、自己あるいは他者を、人間存在の相互規定性を離れてそれ自体として自存化させる。その上で、自立した個人による「功利」と私的「所有」の最大化にとって手段的価値を持つかぎりでしか、他者を有用とし、不要とはみなさない。この思想は自己の幸福追求において他者を目的としては扱わない。だから、私有化された自己による行為が、途方もない富の不平等や他者との格差を生じさせたとしても、それは自己に内在する自存的な能力と意欲に応じた公正な処遇として正当化される。これが一九世紀から二〇世紀を通して浸透してきた「所有的個人主義」、つまり近代的個人モデルのエッセンスに他ならない。

ところが今日、この「所有的個人主義」をベースとした自立的主体観の強化は、精神的自由以外の側面では、多くの人々にとって解放的契機を決定的に後退させてしまった。やっかいなことにそれは、かえって人々の間に分断や抑圧を発生させ、増幅させるものへと反転している。

先に述べたように、近代道徳哲学・倫理学の主流は、自律的な自由意志を有する個人（主体）をその理念としてきた。だが、A・マッキンタイアは、他者への「依存」を人間存在の基本条件に据え直す必要があるという。それは他者への「依存」が一般的な観点からはしばしば認知され不可欠なものと思われながらも、人間の「傷つきやすさ」や「受苦」が「依存」に由来することの全面的な承認が現代に欠如していることに問題を見出すためである。

近代以降の道徳哲学はこれまで個人の自律性や独力で選択できる能力を重視してきた。その「合理的な自立の徳」は一方で正当であるとしても、それが社会の持続において自己が他者たちに「依存」している事実を誠実に受け止める徳、すなわち「承認された依存の徳」によって伴われている必要があるという。これも抽象的なかぎりでの個人の自立を何よりも重視する近代自由主義の個人主義的な「正義」や「道徳」が、その本性上解決不可能な困難を抱えている点への応答である。彼は、近代における個人の析出および人権の誕生という政治的解放の意義を認めた上で、自存した合理的個人による道徳格律という原理それ自体に現代社会の問題を見て取る。だから、当該原理とは異なる「依存の徳」の再生によって現代の苦境を乗り越えようとする（A・マッキンタイア 二〇一八）。

確かにこれも現代社会の問題状況と向き合う中で、自立的主体観を問い直す一つの試みである。個人というものは、多層的で開かれた他者との「共同性」及び「相互依存」につねにすでに埋め込まれており、かつ人間にとって「可傷性」や「依存」は不可避的な条件である。「依存の徳」論は、こうした重要な前提に立脚している。だが、配分論には踏み込まずに有徳性を承認されたメンバー内で問題解決ができるだろうか。そこが課題として残る。

（3）人間にとっての「共存」の基盤

上述したような哲学論議とは違い、社会のなかの「共存」の探究については、動物行動学や進化生物学といった自然科学分野からのアプローチも進んでいる。

そこでは、例えば、社会的な「共存」を実現する上で解かなければならない生存のための問題が、コーディネーション問題と秩序問題（ホッブズ問題）の二つから追求されている。前者は、集団（群れ）生活のデザインにかかわる問題で、個々のメンバーの様々な行動を集団としての優れたアウトプットへつなげる相互調整メカニズムを解明しようとする。後者は、人間を含む多くの社会性動物において、個体間の利益相反を集団での協力を実現することで、フリーライダーの増幅をブロックしながらどのように乗り越えるか、その仕組みのデザインが扱われている（山岸他 二〇一四）。

これらは、バクテリアから昆虫、チンパンジー、場合によっては少人数の人間を対象とした実証的な観察・実験のデータと数理モデルを用いた分析によっており、行動「科学的」である。常に生物種の個体（とその集合）の成立を前提にした生存戦略の分析なのだが、人間の社会的な「共存」現象をめぐる生物（学）的な基盤を解明するものと意味づけられている。だが、人間社会に固有の大規模な秩序形成・維持が、シンボルや言語を扱う高度なコミュニケーション（応答・呼応作用）を通して、どのような具体的プロセスで遂行されるのかについてはまだ明らかになっていない（山岸他 二〇一四）。

また、技術革新が著しい生命工学の分野では、ヒトゲノム解析を含む生物の遺伝（子）情報の解読が進展し、応用技術としてのクローン、遺伝子治療、遺伝子組み換えなどが誕生している。この技術発展がより進めば、自己に内在するとされる「自律した意志」を否定し、すべてを操作可能とする遺伝決定論が新たな装いで登場してくるかもしれない。遺伝子改造が技術的に可能となったときに生じる倫理的・社会的問題については別途考えなければならない。いずれにせよ現段階では、複雑で高度化した人間社会の「共存」現象をこうした生物学レベルに「還元」してすべて説明可能になるようには思われない。

そうすると、社会的存在としての人間については、やはり社会というシステムのレベルで「共に生きる」ことを復権するための思考を重ねることが避けられない。今わたしたちが暮らす社会とは、歴史のない社会一般ではなく資本主義経済社会である。次に問われるのは、この特殊な規定を受けた社会の現状において、人間と「共同性」や「自己と依存」の関係をどう把握し、そこにどのような課題を見出すかである。

2.「自己所有権」に立脚した労働搾取批判の限界と課題

資本主義に対するこれまでの批判のスタンスを大きく二つに分けた青木は、前者に、唯物史観に基づく歴史発展法則からゲーム理論的な進化経済学までを、後者に、普遍主義的な規範理論としての自然法的な社会契約論やリベラリズムの正義論からマルクス主義の剰余価値搾取論、分析的マルクス主義の規範論までを含める（青木　二〇〇八）。

ここで注目したいのは、彼が、後者のうちに共通する要素として見出した自立的主体観への批判である。一九八〇年代以降に英米を中心に台頭した分析的マルクス主義と呼ばれる理論潮流は、ローマーやコーエン、ライト等によって形成された。しかし、これらは、近年有力となっているマルクスの社会主義ヴィジョンを「自立した個人が自由意志によってそれぞれ財貨と能力を拠出するアソシエーションとみなす見解」（青木　二〇〇八、八六頁）だという。リベラリズムの社会契約論は、自己の選好以前にどのような道徳的紐帯も認めず、諸個人の自由意志によって自発的に加入と離脱が可能とみなすが、それをマルクス主義に投影して折衷したものと位置づけられる。

J・ロック的な自己所有論を含めて、近代自然法思想に基づく自立的主体観は、個人を自存的な存在とみなした上で、その自己の生活や身体についての自己決定権を要求する。分析的マルクス主義にあっても、同じ自立的主体観に立って、他者による自己の労働の搾取（＝資本家的所有）を不正義として告発する見解である。それは、労働者は自己の能力とその行使に対して正当な権利を有しており、またすべての人間はあらかじめ同様の権利を有するという自己所有権を暗黙のうちに肯定している点で同じである。そのため、資源・財の配分の不公正に対する批判論として現代の資本主義社会を批判するこれらの立論には共通した限界があるという。そこから青木は、その「自己所有権」テーゼに立脚した搾取批判（領有法則転回論など）を離れて、「自己労働に基づく所有」という考え方それ自体を転換する。(2)

その際、重要な点は、人が「与えるもの（貢献、労働、活動など）」と「受け取るもの（報酬、所得、賃金など）」との関係が正の相関にはなく、貢献と報酬は分離した現象であり、資本主義社会の所有は流通形態すなわち貨幣による商品購買の場面で変動しながら成立するために、価格（情報）が労働価値に論理的に先行するという点である。そして、すべての歴史社会と同様に、現代の資本主義社会においても、人間の労働力は、多層的な「共同性」と「相互依存」を離れては存在していない。だから、それぞれの社会の文化に規定された労働の具体的有用性こそが生存にとっての倫理性を与え、必要分以上の剰余は社会に還元されるべきものと捉え返される。(3)

ここから示唆されるのは、終身雇用制や年功賃金制が崩れて成果主義的な評価と業績主義的な給与体系が導入されるようになった今日でも、「自己労働に基づく所有」という命題を前提に、その報酬額を貢献度に比例しないとして批判し、再分配の強化（労働分配率の向上など）を求めることは、必要であっても十分ではないということである。それ以上に重要な課題がある。なぜならそこで前提とされているテーゼ自体が、労働と所有を特定の形で規範的に結びつけた既存の配分秩序を正当化するものに他ならないためである。生活保護受給者やホームレス、失業者などを労働による貢献の不足から「依存した人々」としてバッシングするのも、こうしたテーゼが社会で支配的なためである。

誰しもが業績・貢献にかかわらずそのままで存在の価値を承認され、社会的に「共存」する上での基本的ニーズや標準的生活水準を満たされる必要がある。それには、労働と所有の既存の対応関係を相対化して一旦切り離し、「生」のニーズに基づく財や機会の取得と共有を拡張するもう一つの原理が重要だ。

3．ケア論が提起する「依存」の価値独立性

(1) ケア論の根源的な問い

グローバル経済のただ中であっても、「所有的個人主義」に内閉せずに、他者と「共に生きる」ことの可能性をどうしたら生かせるだろうか。近年のケア論は、こうした問いに誠実に応答しようと努めている。かつてないほど、私たちは「ケア」(care) を必要としている社会に生きている。人類は、「脆弱さ」「可傷性」を自覚してきたが、他者へ関心・配慮をもち、「依存」をふまえた思考や制度を拡張していくことが、「共に生きる」社会を編んでいく上で重要である（F・ブルジェール 二〇一四）。

「ケア」論は、さらに「ケア」原理が既存の性別役割分業によって固定されずに、人と人とのミクロな

関係からどのように社会を形成するかまで示唆を与える。それは、「弱さ」をもつ「依存」状態にある人びとに付き添い、その人びとを援助し、保護する行動のみならず、「依存」をすべての人が現代社会を生きる上での「常態」と認めた上での生活を求める。

この問いかけは、個人が一人で自立できるというのは危険なフィクションであり、個人の自己実現には他者からの「優しい」関わりが必要だというレベルで回収されてはいけない。また、あくまで普遍的な目標として理性を得て自立した「強い個人」を措定し、特殊な「弱い個人」に対しては「自立」へ向けた個別援助を強化する提案に終わるのでもない。昨今のグローバルな市場化の進展は、ますます経済的収益性や生産性の向上に適合する人的資本へと成長できるよう、生命・生活面への「配慮」も巧みに組み入れながらのシステム動員となっている。女性も能力本位に労働市場で活躍できるよう性別役割分業を一部解除する「配慮」が、能力を備えた個人の強化というシステム全体の効率的な作動へと吸収されている。

根源的なケア論の問題提起は、このような形で「安全」に回収されてはいけない。それは、すべての人が自存せずに依存的だという存在の構造を再発見した地平から、市場交換に還元できないものの復権と個人的な能力・業績・貢献によらない価値や資源の配分秩序を志向する政治的企てとして意味づけられる。「ケア」の変革力とは、その意味で、人が不可避的に負う他者依存性と応答可能性一般に由来し、家事や介護など特定の分野に限定されるものではない。すべての人が依存的であるのだから、誰を「依存した人々」とするか、誰が支援対象として重視されるべきかといった問題設定それ自体を超え出るものである。

(2)「自律・自立」論への「依存」の教育哲学的回収

ケア論が有するポテンシャルの解放か回収かという観点から、もう一つ言及しておきたい議論がある(下司編 二〇一五)。その『「甘え」と「自律」の教育学』と題された本で、尾崎は、全体の着地的見解として次のように述べる。「『自律』は『孤立』に陥ることなく『共同性』と親和性をもち、『他律』は『自律』と相反するものではなく『共同性』の基盤となる。ケア論の観点から見た場合、「他律」と相反するものは『共同性』を損なうような他者との関係性、すなわち強制されるものとしての『同化』なのである。」(下司編 二〇一五、二〇一頁)。こう概念を整理する。だが、疑問なのは、「『甘え』や『依存』は、個人の停滞ではなくむしろ発展・成長に開かれる文脈において新たな教育的意義を得ていく」(下司編 二〇一五、二〇三頁)と語り、「依存」を目的としての自己の成長可能性ないし「自律性」育成への手段的契機としてしまう着地点そのものである。

権力関係に支配された「依存」を強制された「同化」と呼んで退ける趣旨は理解できる。しかし、現在求められているのは、人の「生」における常態としての「依存」を、教育目的の「自律・自立」に奉仕させることではなく、それ自体で独立した意義のあるものとして留保することではないか。「自立」に追い立てられる社会(=自立支配社会)を問うなら、「依存」の復権を触発するケアが、このように教育(学)的な目的論に収斂されてしまうことにも同意することはできない。[4]

おわりに

新たな自己支配の社会は、自らの「依存」の構造を忘却するところから始まる幻想、すなわち自立的主体観という仮構の上に成り立っている。しかしいくら刻苦勉励しようとも他者に全く依存しないことなど不可能なのだから、「自立」した個人と見なされることが強く「生」を支配すると、その背理はわたしたち自身の多くに分断や窮状、抑圧をもたらし、「共に生きる」ことの困難を増幅させてしまう。ならば、個人が自ら主体的態度でもって「自発的な労働・社会参加」や「選択の自由」を行うアクティブな市民へと学び、成長し続けなければ生きてはいけないかのように装うこの時代のレトリックを疑い、他でもありうるという想像力を喚起すること。わたしたちには、「自立」への強迫的な志向を日常的に緩め、またそれを支える配分秩序を社会的に相対化していく変化が必要だ。

注

（1）N・フレイザーが「ポスト・フォーディズム的な統治性」と呼ぶ新たな統治性は、温存された社会的不平等にもかかわらず暗黙のうちに普遍性を志向し、介入対象は標準化された個人・住民すべてであったその先行者（＝フォーディズム的規制）と異なる。後続者は、はるかに市場化された秩序化のメカニズムに依拠し、国家の脱中心化と国境横断的な性格から変動するネットワークを介して「離れて統治する」傾向がある。その統治性は、容赦ない排除・抑圧と高度に競争的な環境の下での責任ある自己規制という分割された形で作動する。ここでの個人は、積極的に責任を引き受ける行為主体であり、市場の選択あるいはサービス消費の主体として、自己の人的資本を最大限活用する責任を負いながら、自らの生活の質を高めるよう強いられるという（N・フレイザー 二〇一三）。

（2）吉原は、すべての個人の労働スキルが同一な、同質労働の資本主義経済モデルに限定して、階級―搾取対応原理が、富の不平等な所有、階級所属に関する機会の不平等、基礎的資源としての自由時間の配分に関する不平等といった事象の発生を数理的に説明可能なことを示す。ただ、個人間の労働スキルが異なるより一般的な資本主義経済モデルでは同原理による同事象発生はクリアカットには導出されないという。その上でなお市場経済の資源配分機能を労働を指標にして評価する立場として「自由な発展への機会の不平等」としての搾取論に立ち、「労働貢献比例」配分原理をその分配的正義とする。ただ、その際「搾取の問題は基本的には、少なくとも最低限の労働能力を有する生産者たち」の取り扱いに関する問題であり、労働市場にアクセスできない障害者や疾病者といった「社会的に不遇な弱者」の取り扱いは「社会的剥奪」の問題として論じるのが妥当だという（吉原 二〇〇八、二八六頁）。しかし青木のいう「自己労働に基づく所有」テーゼと類似するこうした「労働貢献比例」配分とは別に、「生」のニーズを基に資源や機会の配分原理を構想することはできないだろうか。

（3）この他に、近年、資本主義批判の規範的含意を、資本主義的生産が歴史貫通的な人間と自然の物質的代謝の在り方を大きく変容させることに焦点化したエコロジー論がある。それは、資本主義的生産では物質代謝が賃労働によって媒介され、生産過程が資本蓄積に向けた価値増殖過程に包摂されることから、人間と自然の関係に「亀裂」を生じさせる点を批判する（岩佐／佐々木編著 二〇〇六）。世界はますます資本の価値増殖にとって好都合な秩序に変化していく一方で、その「亀裂」は深まり、地球の持続可能性や人間の共同性が侵食されていく。確かに自己目的化する剰余価値の資本主義的生産は、計画によって事前制御できない市場メカニズムに基づくため過剰化する。それによって地球（自然）への破壊的な帰結が引き起こされる点は見過ごせない。だが、そうした自然への攪乱防止は、生産の「合理的な制御」で完遂可能かは不透明である。なぜなら、制御の不完全さを余儀なくさせるものは市場経済だけでなく、人間社会ひいては地球環境の変化それ自体の発生確率すら分からない非決定性・不確実性でもあるためと考える。

（4）発達心理学の分野でも、近年は、「個人能力還元主義／個人能力論的発達観」を否定し、「関係論的発達観／関係発達論」と呼ばれる考え方が肯定的に語られている。しかし、「関係論的発達観」（佐伯 二〇〇一）であれ「関係発達論」（鯨岡 一九九九）であれ、結局は多様な関係の中での個人の「発達」を目的化する点で変わりはない。本章が述べるように、「依存」が常態である人間の「生」をその「発達／成長」にかかわらず承認し、大人や周囲などへの「依存」状態とて「自立」へ向かう手段的契機としてのみ意義があるのではない、とする見方が必要だ。

参考文献

青木孝平『コミュニタリアン・マルクス』社会評論社、二〇〇八年
岩佐茂・佐々木隆治編著『マルクスとエコロジー』堀之内出版、二〇一六年
大庭健『私はどうして私なのか』岩波書店、二〇〇九年
北野秋男『日米のテスト戦略』風間書房、二〇一一年
鯨岡峻『関係発達論の構築』ミネルヴァ書房、一九九九年

下司晶編『「甘え」と「自律」の教育学』世織書房、二〇一五年
佐伯胖『幼児教育へのいざない』東京大学出版会、二〇〇一年
数土直紀編著『格差社会の中の自己イメージ』勁草書房、二〇一八年
F・ブルジェール『ケアの倫理』白水社、二〇一四年
N・フレイザー『正義の秤』法政大学出版局、二〇一三年
山岸俊男他『コミュニケーションの認知科学4　社会のなかの共存』岩波書店、二〇一四年
吉原直毅『労働搾取の厚生理論序説』岩波書店、二〇〇八年
C・B・マクファーソン『所有的個人主義の政治理論』合同出版、一九八〇年
A・マッキンタイア『依存的な理性的動物』法政大学出版局、二〇一八年

第2章

依存の復権論・序

桜井啓太

1．依存と人間

――依存は人間の本質である。

だれしも赤ん坊のときは依存しているとか、老いたら依存せざるをえないとかそのような話ではない。人間は生まれてから死ぬまで一瞬たりとも完全に自立することなどなく、常に自分以外の他者やモノ、関係や制度その他あらゆるなにかに徹底的に依存している。依存――依って存る、依りあって在る――とは、社会的存在である人間の特徴であり、人はひとりで生きられないから、群れあい社会をつくることを選んだ。そうであれば依存は忌避されるようなものではない。

そうはいうものの依存というコトバには、なんとも言えない嫌なイメージがついてまわる。とりわけアルコール依存症や薬物依存に代表されるように、依存はしばしば疾患と理解される。臨床心理の領域に限らず、教育や福祉、労働に家族問題……この社会は「自立」を原理として、「依存」を病理として多く扱ってきた（たとえば筆者のフィールドである社会福祉分野でも、「社会福祉の目的は自立支援です」などという言説が批判も反省もないまま流布している）。

本章では、依存概念の〝腑分け〟を試みる。臨床心理における依存（嗜癖）の議論を参考にしながら、他の何かに頼ること（＝依存）を忌避するメカニズムを解明する。その先に自立を規範原理に据える今の社会とは異なった他の可能性が見えてくる。

2．依存と嗜癖

〝依存 dependence〟と〝嗜癖 addiction〟はいずれも似た場面で使用される。(1) 語が同じ意味を持つというよりは、ある症状を〝依存〟と呼ぶ場合と〝嗜癖〟と呼ぶ場合があったとした方が効果的に理解できる。嗜癖概念の歴史的変遷を分析した中村・成田の研究によると、概念としての〝嗜癖〟の登場は一七世紀頃であり、それはラテン語の *addico*（＝耽る、没頭する）、もしくは *addictus*（*addicere*（＝委《ゆだ》ねる）の過去分詞）を語源としていた。(2) 注目すべきは、当時の〝嗜癖〟は、必ずしも有害性を表すものではなかったという指摘である。〝嗜癖〟が有害性を含むようになるのは一八世紀後半からであり、それは大量飲酒や薬物摂取の有害性を主張するために嗜癖という語を用いたことが背景にあった（中村・成田二〇一一）。日本では、現在も〝依存〟が一般的である。疾患基準の導入時期や、嗜癖という漢字の馴染みのなさもおそらく影響している。ただし、医療や精神保健の現場では依存よりもアディクション（嗜癖）が使われることが多い(3)。

〝依存〟の歴史的用法は、ナンシー・フレイザーとリンダー・ゴードンが分析している。〝依存 dependence〟は前産業化時代（少なくとも一六世紀以降）の用法では、「従属という関係において結び付けられていること」、「他人のために働くことによって生計を立てる」という社会の成員の大多数の正常な状態、社会的関係を指す言葉であった。今日のように、いかなる道徳的恥辱も侮蔑的用法も伴わない。むしろ、誰かを信用する・頼る・期待することを含意する肯定的な用法さえあったと言う（それは現在でも頼りになる dependable という用法につながる）（フレイザー・ゴードン 一九九七＝二〇〇三）。

〝嗜癖〟も〝依存〟も、「ゆだねる」や「他（人）をたよる」という意味で同種の概念である。モノであれ行為であれ、自分以外の何かに委ねたり、頼ったりすることはそれ自体悪いことではない。これらが負のイメージを帯びるのは近代以降である。それはこの言葉が「自己決定・自己コントロール」の枠外の概念であることに起因している。次節以降は、〝依存〟に焦点をあわせ臨床心理との関わりからみていこう。

3．依存と自己コントロール

（1）依存の病理化

「依存」で括られる様々な用語は次の四つに大別できる。(4)

①〈物質〉との依存：アルコール依存、薬物依存
②〈行動〉との依存：ギャンブル依存、買い物依存、ゲーム依存、スマホ依存
③〈関係〉との依存：共依存
④〈制度〉との依存：福祉依存

依存に対する病理化（＝ある特定の状態やプロセス、関係性を病理現象として捉える）は、歴史的には①から④へと拡大した。

「①〈物質〉との依存」は、アルコール依存、薬物依存を指す。アルコール・薬物が含む中枢神経系作用物質は、乱用によって依存を引き起こし、その依存は「精神依存」と「身体依存」に分類される。精神依存は薬物の摂取要求・渇望を示す。身体依存は薬物が作用している状態が常態化し、薬物投与の中断により手の震えや意識障害などの離脱症状（以前は禁断症状と呼ばれた）を引き起こす。アル中、ヤク中という呼称のダークなイメージから想起できるように物質依存は現代の依存概念の基礎を形成して

いる。
「②〈行動〉との依存」は、物質依存と異なり、薬物による中枢神経系作用物質との関連があるわけではない。そのため①の依存概念の定義の一つ「身体依存」を有さない（それまでの「依存」の定義にあてはまらない）。しかし行動依存の状態は、「精神依存」の状態と酷似しているとみなされ、依存の定義で症状がうまく説明できるとされた。

（2）依存症と自己コントロール

アルコホリズムの有名な疾病概念を定式化したジェリネックは、アルコール問題を病理（疾病）と定義づける上で、進行過程の定式化に加えて、「自己コントロールの喪失」を中核とした（ジェリネック一九六〇＝一九七三）。アルコール依存症患者へのステレオタイプな「意志薄弱でだらしがない」という道徳的な見方に対して、まさにその意志に侵食する病であることを強調し、道徳的非難や司法的対応ではなく、医学的治療の必要性を求めた。「依存症＝意志の病」とされる由縁でもある（佐藤二〇〇三）[5]。

依存症は、一般的には特定の物質・行動がやめたくてもやめられない状態、すなわち自己の行動のコントロールを失うことと理解される[6]。たとえば、アルコール依存症の場合、アルコールに頼っている事実ではなく（酒を嗜む人は依存症者に限らず大勢いる）、それにより自己のコントロールを失っているため疾患（病理）とされる。これは他の依存症でも同じである。タバコ、カフェインを日常的に摂取している人は多い。ギャンブル、買い物、ゲームといった行動も同様で、その摂取や行動のみをもって依存症とはみなされない。それらが疾患（病理）とみなされるのは、自己コントロールを失っているからなのである。逆に言えば、このことは自己コントロールを保つ、強力な自己決定する近代的個人が前提とされている（ギデンズ 一九九二＝一九九五）[7]。

そしてこれこそが依存の地位低下を呼び起こす。自己の自由意志を持ち、自己の責任において選択し決定する。欲求に流されず、自己抑制（コントロール）する。こうした個人像を強く打ち出す近代は、同時に「（自分以外のなにかに）頼る」という営みを病的な行為へと変質させた。

4．依存と支配

（1）共依存の誕生と展開

薬物・アルコールなどの①物質依存、②ギャンブルなどの行動依存。次なる依存は「③〈関係〉との依存」である。人間関係のあり方そのものを問題視する新しい依存。関係性の病理――「共依存」は、アルコール依存症の夫と夫を支える妻の行動を説明する臨床場面から生まれた。

ここでの〝支える〟は二重の意味あいをもつ。アルコホリックの夫を生活面からも心理面からも支えるという意味と、もう一つは依存症患者の問題を本人以外の他者（妻）が解決することで、結果的にアルコホリックな状況を存続させてしまうという二つの意味である。そして後者の行動をイネーブリングEnabling、支え手のことをイネーブラー Enabler と呼ぶ。

共依存概念は、さらに依存症患者の家族間の関係性そのものを病理の本質と捉えることによって、共依存者を他者の問題にばかり焦点をあてる「自己を喪失した病人」として定義するようになる（小西二〇一七、四四頁）[8]。ここでもポイントはやはり「自己の喪失」である。

〈関係性〉に焦点をあてた共依存概念は、やがてアルコール臨床の場にとどまらず、人間の〈関係〉全般へと対象を展開していく。医療化の先進国アメリカではそれが顕著に現れ、ある共依存研究の権威は、アメリカの人口の約九六％が広義の共依存の条件にあてはまると述べたという（シェフ一九八七＝一九九三、二〇頁）。野口は、社会の成員の約九六％にみられる特性は、異常ではなく正常そのものであるとして、共依存の原理は近代社会の原理そのものであることを指摘する（社会システムそのものが共依存的である）。それはワーカホリック（仕事中毒・仕事依存）に象徴的であり、仕事への熱中と業績の達成、社会的評価の獲得というサイクルと自己アイデンティティが強烈に接続し、他者からの評価に縛られることで自己のあり様を保つワーカホリックは、まさに共依存的であるという（野口一九九六、一五七―一六〇頁）。

共依存概念の展開により、「依存」はもはやアルコール・薬物依存患者特有の性質ではなく、現代社会の成員に共通する特質とされた。「自己を規定する上で他者を必要とする」在り方を病理とみなすのが、近代社会なのである。これが病理なのは、近代社会の基本原理（自己決定・自己コントロール）から逃げているからである。ただ実際は社会の成員のほとんどがそれ（完全な自己統治）に失敗しているのだが。

ではこの「依存という病理」は、回復や治療、脱却はどのようにして可能なのだろうか。そこからの回復とはなにを意味し、なににつながり、そしてなにが取り残されるのだろうか。

（２）依存と支配

共依存概念、その認識から得られる示唆は他にもある。心理士の信田さよ子は、依存症患者の夫とイネーブラーの妻の共依存関係を次のように描写している。

〔夫は：著者補足〕死ぬかもしれないこんな自分を放置しておくのか、という脅しをたくみに利用して、結果的には依存を実現するのである（信田 二〇〇九、四九頁）。

しかし〔妻の：著者補足〕自分がひとりの人間を生かしているという所有と支配に満ちた感覚は、果たしてケアの受け手からはどのように受け止められるのだろうか（同上、五四頁）

斎藤学は、共依存の核には他者コントロールの欲求があり、「人に自分を頼らせることで相手をコントロールしようとする人と、人に頼ることでその人をコントロールしようとする人との間に成立するような依存・非依存の嗜癖的二者関係」と共依存を定義する（斎藤 一九九三、xi）。その上で、次の信田の指摘は示唆的である。

すでにおわかりのように、共依存は依存ではなく支配なのである。なぜなら依存することは決して負の関係ではないからだ。必要に応じて他者に依存し、他者からの依存を受け入れることで、私達は家族関係や友人関係をより豊かに生きていくことができるだろう。同じ平面に立って他者にもたれかかることは楽なことだし、もたれかかられてそれが重ければそっとそこから外れればいい。共に依存することは、少しも責められることではない。しかし共依存の関係性には、腕力に任せて殴ったり、大声で怒鳴り強制するといった行為ではなく、もっとひそかにやさしげで、それでいて狡猾な駆け引きが渦巻いている。それは依存ではなく、支配と名づけるしかない関係性だろう（信田 二〇一七、一二〇頁）。

共依存は共支配。たしかに依存症患者と共依存者の関係は、互いに依存し合っているのではなく、互いに支配し合っていると読みかえられる。暴力と脅しだけでなく、ケアすることによって弱者化するような巧みな支配（信田 二〇一四、一八三頁）。依存すること自体が問題なのではなく、そこに支配―被支配関係が内包されているから問題なのである。

しかし、それは共依存に限った話ではない。むしろ「病理としての依存」は、実は全て「支配」であるといえる。

精神医学のなかで長く使われてきたこの用語は、その適用される事象すべてに、「依存」ではなく「支配」と置き換えても実は成り立つ。アルコール依存、薬物依存、ギャンブル依存、買い物依存、インターネット依存など。それぞれアルコール支配、薬物支配、ギャンブル支配、買い物支配、インターネット支配と呼んだ方が、むしろそこで起きる現象を効果的に理解できる。もっというと原発依存や対米依存といった概念でさえも、「原発支配」や「対米支配」とした方がより本質を言い当てている。

アルコール依存、薬物依存は、アルコールや薬物に自身の一部が支配されていること。それまでの人間関係や生活（会社に行く、時間を守る、人に暴力を振るわない…）、それら日常の生活様式がアルコールに支配されることで変調（失調）をきたす。本来、「支配」として問題化されなければならない現象が、「依存」に誤認されて処理されている。

依存症を引き起こす有害な物質、有害な行動や関係性のなかには、確かに許容できないものも多い[9]。ただし、人に害をもたらす嗜癖行為は、依存ではなく支配である。何かに頼るという、生きていく上で何よりも大切な行為が病理化され、個の自立・自己コントロールへと追い出すような試み（自立支配）を相対化するためには、人びとから「依存」を奪い、弱者化させる「支配」の構造こそ問わなければならない。

5．依存の復権へ向けて――病理から原理へ

（1）自立と依存の現代的構造

自立を規範原理とする社会は、自己を支配し、自己決定・自己コントロールする個人（自立した強い個人像）が社会の基本単位であり、十全な市民の条件とされる。このような自立を原理とする社会では、自己喪失の状態である「依存」は病理とみなされる。

仮に「自立した強い個人」ではなく「依存した弱い個人」を社会の基本単位（市民の前提）とした場合、そのとき〈依存〉は病理ではなく〝原理〟となる。

社会の基本原理（市民の条件）		
（自己決定できる）自立した強い個人	→	「自立」は原理（「依存」は病理）
（他（者）に頼る）依存した弱い個人	→	〈依存〉は原理（「支配」は病理）

〈依存〉を原理とする社会では、依存症は自己喪失の病ではなくなる（そもそも完全にコントロール可能な自己像を前提としないため）。そのなかで有害な嗜癖行為の一部を「個人を侵食する＝支配」として従来の依存概念から取り出して分離すればよい。齋藤純一は、「他者に依存すること」と「他者の意思に依存すること」とを区別し、自分が制御できない後者は「支配 domination」とみなされるという（齋藤二〇一七、一〇六—一〇七頁）。[10] dependence は、①依存／②従属を意味するが、頼ることができる何かに頼る〈依存〉と、他からの支配を受ける「従属」を厳密に区分けすることで、忌避される依存を復権できるかもしれない。

ここで注意が必要なのが自律 autonomy である。先の齋藤は、依存を区別したのちに、「他者への依存がその意思への依存を導くことがないように、依存とそれに応える関係を社会的に制度化し、「自立」ではなく「自律」を享受することができるように機能させなければならない、と述べている（齋藤 二〇一七、一〇七頁）[11]。これでは依存の区分けに成功しても、自己統治の妄執に囚われたままである。哲学者の國分功一郎は、当事者研究に関する熊谷晋一郎との対談のなかで、「自分たちで自分たちのことを決めたい』の先にあるもの」に次の形で言及している。

「自分たちで自分たちのことを決めたい」という気持ちはそれそのものとして大切にされなければならない。しかし、そのことを認めた上で、さらにもう一歩問いかけを進めないといけない。すなわち、自分で自分のことを決めるというのは、いったいどういうことなのか？　自分で自分を支配することは可能なのか？　主権は可能なのか？――このように問うということです。（熊谷・國分 二〇一七、一七頁）。

依存した弱い個人を基礎とする社会原理は、他からの支配に敏感であると同時に自らの支配――自己統治や主権、自律主義――を括弧に入れねばならない。なぜなら両者は表裏一体であるからである。ジュディス・バトラーは、「自律した主体（自律的個人）」（という幻想）を支えているのが依存関係の否認であることを暴いた（バトラー 一九九五＝二〇〇〇）。自身の根源的依存性を覆い隠すことでのみ「自律した主体」は立ち現れる。そうであるならば、依存と自立（自律）はともに見直されなければならない。

（２）〈依存〉の復権と「支配」の問い直し

自立社会の「支配」を問い直し、〈依存〉を復権する。ここではそのための方法として、①支配から降りる、②支配を弱める、③支配から逃げる、の三つを提案する。

①支配（自己統治）から降りる

アルコール依存症患者の自助グループ（ＡＡ：アルコホーリクス・アノニマス）の一二ステップは以下の一文から始まる。

私たちはアルコールに対し無力であり、思い通りに生きていけなくなっていたことを認めた。

治療プロセスの最初に、自己統治の断念とその受容があるのは、自分で自分をコントロールするという考え方から降りる事が、自己を超えた他者とのつながりの認識にいたるからという。同様に、昨今注目を浴びる当事者研究は、当事者自らが自己と世界のあり方や関係性を問い直し、自己コントロールから距離を置く実践と言われる（熊谷編 二〇一七）。

自己統治（支配）の原則から降りて、依存している自己を認めるというのは、しかし「誰がその対象か？」によって意味するものは異なる。降りるのは果たして依存者だけなのであろうか。もしそうならば、特定の病者やマイノリティにのみ自己統治を諦めさせる単なる分断と統治の仕組みにとどまる（ギデンズ（一九九二＝一九九五）のいう再帰的な自己のモニタリング）。

自助グループや当事者研究も、個々人を能力で個別化するだけで、社会からの排除や資本による搾取を問わなければ、自己は変革されても社会は変わらない。ゆえに、特定の依存症者ではなく、〝わたしたち〟の自己統治・自己コントロール幻想こそが狙いである。なぜなら社会の成員はみな依存者だからである。マイノリティよりもむしろマジョリティが、自己統治から降りて、ドミナントな価値規範それ自体を問い直す必要がある（これは次の②と③も同じである）。

②支配（害）を弱める

支配を減じて依存を奪還する実践は、薬物問題の臨床現場で台頭するハームリダクション（ＨＲ）にみられる。薬物に手を出すと人生が終わる（ダメ、ゼッタイ）として、司法的な対処に注力した従来のゼロ・トレランス的考え方を転換し、当人にとっての健康・社会・経済上の害（ハーム）を減少させる（リダクション）。薬物問題を、依存（自己喪失）から、薬物〝使用〟と〝害（ハーム）〟に分けて、害の低減を第一に対処する。

ＨＲの発想を援用して、多くの他の「依存」についても、自己統治や自立の失敗を問うのではなく、〝使用（＝頼る）〟と〝害（＝支配）〟に分類して、〝支配〟を弱めることを目指す。そのような発想に基づいた制度や支援を構想する。[12]

ただし、HRはバラ色の解決法ではない。HRは「複数の統治テクニックの集積からなるひとつの政治プログラム」（平井二〇一八、一三〇頁）であって、使い方次第では国に「厄介者」の効果的な管理方法を提供し、ワークフェアとも親和的である。平井は、HRのダークサイドを考察した論稿のなかで、公衆衛生型のHRが新自由主義的規律により個人責任を強調し、安全な薬物使用者とリスキーな薬物使用者を分断統治し、リスク管理の名目で際限なく管理領域を広げる恐れを指摘している。この点は「支配を弱める」においても同じ恐れがあるだろう。

その対抗である「もうひとつのハームリダクション〈HR〉」として、ハームの定義権を取り戻し、生きることの支援を基礎とし、統治による分断・排除することなく、「ハームの減らし方」をできる限り社会化する重要性を強調している（平井二〇一八、一二八—一三〇頁）。

③支配から逃げる

沢山の課題はあるものの、ベーシックインカム（BI）は、その無条件性において、制度からの支配を緩め、〈依存〉の復権へ至る道かもしれない。では所得保障以外の支援や統治はどうか。

現代の社会福祉は「どうやって対象者の自立を実現するか」のなかで完結しており、肥大した自立観への疑いをもっていない。ワークフェアやアクティベーション（日本でいう自立支援政策）は、福祉利用者を有用性で再評価し、彼らの〈生〉のすみずみに〝支援〟を行きわたらせた（桜井二〇一七）。それは

「支援（管理）されない場所・領域」（＝アジール：避難所・自由領域）[13]が縮小していく経過であったといえる。そのカウンターとして縮小したアジールを取り戻す。そのためには寄り添い型の支援ではなく「寄り添われない領域」、支え合いの地域ではなく「放っておかれる空間」、そして「愚行を行う自由」と「失敗する権利」が顧慮されなければならない。

アジールと同じ語源をもつ概念に、ゴフマンのアサイラム（＝全制的施設：精神科病院や刑務所など）がある。東畑（二〇一九）は、アジールとアサイラムは表裏一体であり、同じことが行われているが、アジールは「いる」を支え、アサイラムは「いる」を強いる（管理する）。両者を分かつものは、「ただ、いる」か、「『いる』に効率性とエビデンス（経済的収益性）を求める」かであるという（このことを桜井智恵子（二〇一三）は、存在承認／業績承認に分類し、理論を組み立ててきた）。東畑のいうように、アジールは容易にアサイラムに頽落する。[14]ゆえに、「存在に理由を求めない場所」、「支配から逃れられる領域」、「有用性（効果）で測らず責任を追及しない実践」――「（支配から）逃げる」の肯定的側面に光をあてる必要がある。

以上の三つの提案はどれもおどろくほど後ろ向きに聞こえるだろう。だがいま必要なのはそのような地点からではないか。「自立のため」と高らかに主張せず、支配する方法より支配されない領域を語る。〝誰か〟ではなく、〝わたしたち〟の依存から目を背けず、自立社会の支配構造を問いなおす。

それまでの原理を捨て、病理であったものを復権し、新たな原理に据える。当然、数多くの抵抗があるだろう。それまで「自立」していた者たちは、少しばかり居心地の悪い思いをするかもしれない。だがその何十倍もの抑圧を、自立を掠めとらなかった「依存者」たちは今もなお受け続けている。

注

(1) 過去には〝依存〟の代わりに〝中毒〟が用いられたが、「食中毒」という用語からイメージできるように、嘔吐や下痢などを含む激しい苦痛と身体症状、化学物質による症状が〝中毒〟(毒に中《あた》る)である(その意味では「アル中」は誤用で、「急性アルコール中毒」が正しい用法)(信田 二〇〇〇、廣中 二〇一三)。

(2) ただし、addiction の語源は「毒 *acid*」に由来するという説もある。

(3) 二〇一三年五月に米国精神医学会(APA)の「DSM-5」(国際的疾病分類の体系の一つ)が発表され、そこでは「使用障害 disorder」としてより広範な概念が提示されている(日本版は二〇一九年時点で翻訳作業中)。

(4) 本章で取り上げるのは、①~③の依存まで。「④〈制度〉との依存:福祉依存」については、第4章参照。

(5) ジェリネックは、アルコホリズムが意志の及ばぬ「病気」であることを示すために、アリストテレスが自由意志に基づく「行為 action」と、自由意志に基づかない「性向 disposition」を区別したことを引用し、後者との相似性から理論を発展させている(ジェネリック 一九六〇=一九七三、佐藤 二〇〇三、九九頁)。

(6) 廣中(二〇一三)は、価値中立的に「頼っている状態」を「依存」、それに対して「何かに依存したせいで困ったことになっている状態」を「依存症」と使い分けている。

(7)「自己」と「嗜癖」の逆説的で相補完的な関係について野口(一九九六)を参照。さらに、挽地(二〇一〇)は、「文明化」により社会規範から排除される「カーニヴァレスクとしての嗜癖」を分析している。

（8）小西真理子はその著作（小西 二〇一七）のなかで、共依存の病理化を多方面から分析し、その回復論が内包する自立主義・自律主義・個人主義という特定の倫理観について鋭い批判を行なっている。

（9）あえて「有害」という言葉を使用しているが、特定の物質や行動、関係性を有害と判断することの本来的困難性は留意しておきたい（誰にとって有害か、それを誰が決めるかという問題）。

（10）「頼ることができる何かに頼る」とは迂遠な定義だが、依存の復権を考える上では重要である。頼ることができないのに頼るのは、頼られている相手にとって依存ではなく支配だからである。一方向ではなく双方向に検討し、可能な限り依存する先を社会化せねばならない。

（11）同じように、社会福祉学の「依存的自立」や「○○自立」（精神的自立、社会的自立など）も注意しなければならない。たとえば、古川孝順は「自助的自立」に対して、社会福祉制度に依存（利用）していても自己選択権や自己決定権が確保されている状態として「依存的自立」を提唱しているが（古川 二〇〇二、二八三―二八五頁）、こういった分類自体が自立（自律）主義から一歩も抜け出していない。この種の論法は福祉利用者に一段下の「自立」を用意したかのように受け取られかねないし、自助的自立者と依存的自立者を分断し、福祉を利用していない者（〝一般〟市民）の依存を否認することで成り立つ（強者の依存を隠蔽し、弱者と分断する役割）。

（12）支援の例として、三井さよは、ケア従事者と利用者の間の権力関係を認めた上で、権力を「薄める」ことは可能という（三井二〇一八、一一〇―一一二頁）。

（13）「アジール」については、第11章参照。他に「逃走」の重要性について第15章参照。

（14）近年、子ども・若者支援、引きこもり支援などの領域で「居場所（支援）」はよく聞くが、「ただ、いる」を支えず、事業化して何らかの目的や「次へのステップ」の役割に化した「居場所」は、アジールではなくアサイラムであろう。

参考文献

アンソニー・ギデンズ／松尾精文・松川昭子訳『親密性の変容――近代社会におけるセクシュアリティ、愛情、エロティシズム』而立書房、一九九二＝一九九五年
熊谷晋一郎編『みんなの当事者研究』（臨床心理学増刊第9号）金剛出版、二〇一七年、一―三四頁
熊谷晋一郎・國分功一郎「対談　来るべき当事者研究――当事者研究の未来と中動態の世界」熊谷晋一郎編『みんなの当事者研究』（臨床心理学増刊第9号）金剛出版、二〇一七年、一二―三四頁
小西真理子『共依存の倫理――必要とされることを渇望する人びと』晃洋書房、二〇一七年
齋藤純一『不平等を考える――政治理論入門』ちくま新書、二〇一七年
斎藤学「監訳者まえがき」『嗜癖する社会』誠信書房、一九九三年
桜井啓太『〈自立支援〉の社会保障を問う――生活保護・最低賃金・ワーキングプア』法律文化社、二〇一七年
桜井智恵子「都市政策を支えるこれからの原理――「授業力」向上から「存在承認」へ」『ポスト成長社会と教育のありよう（最終報告）――業績承認から存在承認へ』国民教育文化総合研究所 都市政策研究会、二〇一三年、六七―七四頁
佐藤寛之「アルコール問題の概念化に関する一考察――疾病概念を中心に」『京都社会学年報』11、二〇〇三年、九五―一一七頁
アン・ウィルソンシェフ／斎藤学監訳『嗜癖する社会』誠信書房、一九八七＝一九九三年
E・M・ジェリネック／羽賀道信・加藤寛訳『アルコホリズム――アルコール中毒の疾病概念』岩崎学術出版社、一九六〇＝一九七三年

東畑開人『居るのは辛いよ――ケアとセラピーについての覚書』医学書院、二〇一九年
中村春香・成田健一「『嗜癖』とは何か――その現代的意義を歴史的経緯から探る――」『人文論究』第60巻4号、二〇一一年、三七―五四頁
野口裕二『アルコホリズムの社会学――アディクションと近代』日本評論社、一九九六年
信田さよ子『依存症』文藝春秋、二〇〇〇年
――『共依存・からめとる愛』朝日新聞出版、二〇〇九年
――『依存症臨床論』青土社、二〇一四年
――「共依存をめぐるスペクトラム――ケアから支配まで」『アディクションと家族』第32巻2号、二〇一七年、一一七―一二一頁
ジュディス・バトラー／中馬祥子訳「偶発的な基礎付け――フェミニズムと「ポストモダニズム」による問い」『アソシエ』二〇〇〇年七月号、二四七―二七〇頁
挽地康彦「自立と依存の境界侵犯――ポストアディクションの時代」『現代思想』第38巻14号、二〇一〇年、九八―一〇五頁
平井秀幸「ハームリダクションのダークサイドに関する社会学的考察・序説」『臨床心理学増刊第10号　当事者研究と専門知』金剛出版、二〇一八年、一一九―一三一頁
廣中直行『依存症のすべて』講談社、二〇一三年
古川孝順『社会福祉学』誠信書房、二〇〇二年
三井さよ『はじめてのケア論』有斐閣、二〇一八年

第3章

反自立という相互依存プロジェクト

桜井智恵子

はじめに

それでなくても不衛生なマニラのスラム、トンドは地区一帯、泥水に浸かっていた。近くにあった日本工場の火事消火作業時の浸水が何ヶ月も引かないのだ。フィリピンで最初の都市貧困組織ZOTO（Zone One Tondo Organization：一九七〇年設立）で、貧困と闘う運動家が当時のマルコス体制下、体の中に電気を通されるという拷問を受けており、彼女は私にその跡を見せてくれた。

公害を垂れ流す川崎製鉄の焼結工場が日本で裁判になり、ミンダナオ島に移転させた「公害輸出」は、日本・フィリピン両国の市民運動で厳しく批判されていた。(1) 貧困、公害、監視社会、これらは日本の未来を先取りしていた。エコノミックアニマルと呼ばれた日本の高度経済成長の振る舞いは、現在の日本の困難に直結している。地球と人々、双方からの搾取に対して、グラスルーツの人々は国境を超え反対運動を行ない始めていた。

一九九〇年頃には、私も国内外の無農薬農家と連帯する生活協同組合に入り、ペットボトルは買わず、分解しない紙おむつはほとんど使わなかった。泉北ニュータウンの障害者作業所と組んで牛乳パックを回収し、四国の工場でトイレットペーパーに再生してもらう循環システムの先駆けを生協組合員である友人とつくった。高度経済成長期の公害問題や複合汚染をきっかけに、地球共有資源の分かち合い、コモンズへの関心が誕生していた。まさかそれらの志向が、資本制社会への、「自立」概念への対抗であるとは、私は長い間結びつけることができないでいた。

資本主義の終末期は、貧困や自立主義を顕在化させる。コロナショック以前から、不平等の拡大はそれを見せつけている。社会配分について考えてきた本研究会設立の二〇〇八年と比較しても、その拡大は著しい。国際ＮＰＯのＯＸＦＡＭによると、富裕層は二〇一八年、九〇〇〇億ドル（約九九兆円）も富を増やした一方、下位の三八億人は一一％の収入減に。下位五〇％に相当する富を持つ超富裕層は、二〇一七年の四三人から二六人に減り、二〇〇八年のリーマンショックからの一〇年間で、富裕層の富は倍加した(2)。

日本では、エスタブリッシュメント（既得権益層）への反論やデモもほとんど無く、人々はあきらめたり、正当化したりして生きてきた。そこで、不平等や貧困にともない自立支援や承認論が強調される。

資本家が利潤追求に駆り立てられ不平等の再生産が拡大するのは、他の企業や資本家との競争に生き残るため、富の配分は競争によって決まるからである。グローバル資本や企業は合理的に利潤を追求するためにGAFAを利用しIT社会に群がる。人間は利潤追求の「人材」となり、無駄なく機能するために切り捨てが行われ、企業が保有する人材は利潤追求に自立的に参画するよう求められる。そこで「自立」が意味をもつということになる。

不平等や貧困をめぐっては、制度変更で改善する分野もあるが、その原理自身に焦点を当てた研究は少ない。筆者は第一に、競争状況をつくる資本制社会とそれに伴い強化される能力・自立主義、第二に、反論しない市民の政治的態度の形成を問題と位置づけ、研究を行ってきた。第二は別稿に譲り[3]、本稿では第一の問題、構造的な競争状態から導かれる「自立主義」のダイナミズムと思想状況、そして展望について論じる。

1．資本制社会における自立原理

若年層の特徴は「自己責任」で向き合おうとする意識の強さである。置かれている状況はどうであれ社会的な課題は問わず、毎日「明るく、楽しく」在ること、仲間内でSNSを通してそう見せることが基本の生き方となっている。自分次第、自分の問題。

自立という価値は、資本主義国家の統治の原理となっている。社会的に改善をするという視点から、自己の責任に焦点がずらされる。社会的不平等という争点は周縁化されている。問題を取り上げる市民社会の側にも強い自立原理が横たわる。

自立価値をスタンダードとしてもつ市民社会では、自立に困窮する者を従属させたり排除するヘゲモニーを成立させている。市民社会は、社会空間における自己の「市場価値」と「就労可能性」を高めるための企図に従事する主体を形成している。

コミュニケーションが行われる公共圏では、教育機会、情報収集・分析・発信力、自由時間などに恵まれた者がヘゲモニーを握る。市民社会ではメディア、学校といった近代的な諸制度と関わりあいながら暮らす。グラムシ的に言えば、こうした諸制度は、自立をめぐる日常的なヘゲモニー行使の装置であり、自立困難な者たちは秩序の劣位に自身を位置づけることを余儀なくされる。(4) では「自立」を標榜する市民社会はいつ頃つくられたのであろうか。

近代日本の工業化・都市化にともない生まれた「国民」とは「門地や財産に頼らず、己れ一個の『能力』によって世に立つ人間」と位置づけられる。一九二〇年代以降、この都市中間層の意識が「能力」により社会の平等を保障する拠り所となった。(5) 戦後の義務教育化以降、機会均等概念が広がり、生存権よりも教育権への注目が集まるようになる。それは現代においても、学習支援・就労支援を支える市民の側の自立原理に見受けられる。市民社会や市民運動自体の自立中心主義が強化されてきたのである。

戦後市民社会では、質のいい仕事に就く「就労可能性」という能力主義を基盤とした学力保障に市民は引き寄せられ、やがて熱狂的に求めるようになった。後期近代の「液状化社会」といわれる時代に、雇用形態の多様化＝不安定化が企業の経営戦略であるような中で労働環境はますます劣化し、個人の責任や努力を「自立」の名の下に求めるようになった。

戦後の「就労可能性」から、企業主体の「雇用可能性」を主体が内面化する事態に質的転換が行われてきた。コミュニケーション能力、コンピテンシーという労働能力としての付加価値向上を労働市場が求め、教育は雇用されやすい能力を育てるツールとなっている。

国民概念はもともとは資本制社会にあり、所有し私有財産権によって守られる「市民」の所有―非所有、つまり搾取―非搾取の構造をうちに編み込み統合していく装置でもあった。雇用可能性という能力主義が自立原理という秩序を成立させ、制度を形作っている。制度が富の配分の不平等を切れ目なく循環させている。さらに、自立価値を隠れ蓑にした自己責任論の言説は、社会的な問題をもっぱら個人の選択が生んだものであるかのように見せる。

では、所有と搾取の資本制社会を問う反エスタブリッシュメントの理論はいかに機能してきたのだろうか。

2．フーコーとポストモダン思想、そして承認論

日本では、ミシェル・フーコーのいう「規律・訓練的な社会」が世界中で最も機能していると思われる。個人の身体に働きかけ、規律正しく従順なものへ調教しようとする、社会のいたるところで働く「規

律権力（生‐権力）」。統計調査などにもとづいて市民全体に働きかけ、健康や人口を全体として管理する面も、個人を巧妙に支配管理する権力技術が発達してきた時代として捉えられる。フーコーの権力論は、常に内面で発動する権力の過程を説明し、自己統治という新自由主義の基本原理までも言い当てている。

酒井隆史によると、フーコーの一九七八年講義録では、統治を「ふるまいの指導」と位置づけなおしている。リベラリズムにおいては、市場が「真理」となり、その周辺に統治の自己批判、自己制限がおかれる。リベラリズムの現代的変種である新自由主義の感性は、統治術の一環としての主体化を通して形成される(6)。新自由主義の特徴のひとつとして「万人を労働者ではなく、たえず機会をうかがい、市場を通して、適切な選択によってみずからに投資をおこない、自己責任によってみずからの生を運営する、そのような企業家として人間を形成すること(7)」がある。合理的に自らが自らの「生を促進する権力」。これこそ「自立へ追い立てられる社会」の正体である。

フーコーの規律権力論は資本の蓄積が可能になる次元を問い、その過程を詳細に解明することで『資本論』を補完している(8)。そういう意味合いから、時期により濃淡があるとはいえ、フーコーは相対主義を唱えたポストモダン思想には組み入れられない。

一方、既得権益層は批判を免れるためにポストモダン思想を利用しようとした。二〇一一年五月一三日に秘密解除され公表された機密調査文書「左派知識人の敗北」（一九八五年一一月一五日）には次のように記されている(9)。ＣＩＡは、人々による資本主義の構造的理解を妨げる機会を探しており、仏ポストモダン論を読み、現実の客観的基礎を疑問視するその思想が、マルクス理論の土台を崩すために応用できるとまとめている。ポストモダン思想は、マルクスに代表される経済的不平等を問う理論を骨抜きにするために使えるとCIAは総括していた。

思想史研究において、ポストモダン思想は現代の社会課題解決の出口を見出せない方法論であるという指摘が広がるようにもなった。ポストモダン思想の原理は、方法的にいって論理相対主義あるいは価値相対主義であり、社会の構造というものの本質を考えず、これをすべて幻想という言い方で批判したと竹田青嗣は述べた。[10]

ポストモダン思想は近代を相対化するため発見されたプロジェクトであった。ポストモダン思想は、異なる視点からの切り込みでマイノリティを救った。しかし、ポストモダン思想それ自体だけでは、資本主義による搾取という問題を撃ちぬくことは難しかった。

この時期以降、多くの研究者達の批判も「富の再配分」よりも承認論に移動してゆく。

前述の竹田は対談相手の苫野一徳の思想を「シンプルで、社会の原理は『自由の相互承認』。つねにここから問題を考えていこう、と。もうマルクス主義とかポストモダン思想がどうだったかは考えなくていい」という承認論と示している。残念ながら現在、「多様性」をベースにした理論や、承認論自体が新自由主義のツールとして用いられている。

社会的弱者やマイノリティとされている者を、学校や施設や子ども食堂という居場所で「承認」してゆこうという現場の実践が市民によって行われている。個人が生きる意味を失ってゆく時代の中で「あなたはあなたのままでいい」という承認論は必要であった。しかし、それに覆われ、経済的不平等を問う論理は縮減した。不平等への反論抜きの承認論だけで乗り越えようとする「承認の野蛮化」[11]の事態が続いてきたのだ。

九〇年代は「心理主義化する社会」と言われるようになり、精神分析や臨床心理学が拡大した。「富の配分」をめぐる反エスタブリッシュメント（既得権益層）の思想は長い間、顧みられなかったのである。現在もアクセル・ホネットのような不平等は論じない承認論は健在だ。彼は言葉の「平等」は言うが、経済的不平等に関しては触れず、愛や意識の問題に導いてゆく傾向がある。[12]

3. 地球の搾取は人間の搾取

グローバル新自由主義の時代に入り、撃ち抜くべき的が現れてきたのは必然だった。それは気候変動による環境危機であり、資本主義による地球攻撃の結果としての温暖化である。温暖化やプラスチック公害は自然を破壊し、有無を言わさず人間が生きる限界をつきつけている。自然を搾取して膨張する資本制社会の限界を示している。二一世紀に入り世界的に資本主義経済へのマルクス的反論が復活する中、『資本論』には記述されなかった気候危機への指摘という後期マルクスの「抜粋ノート」を用いた研究が注目されるようになった。[13]

一九七〇年代の一〇年間に世界中で報告された干ばつ、洪水、異常気温、山火事、暴風雨などの自然災害は六六〇件だったが、二〇〇〇年代にはその数は三三二二件と五倍に増えている。[14]日本各地で今夏も四〇℃超えの地域が増えた。環境庁によると「日本では世界より速いペースで気温が上昇している」[15]。顕著な高温を記録した年は、概ね一九九〇年代以降に集中している。日本の二一世紀末の年平均気温は全国的に上昇することが予測され、高いシナリオでは、三・四～五・四℃上昇する。世界銀行も報告書の中でこう指摘する。「このまま行くと、（世紀の終わりまでに）世界の温度は今より四℃上昇するだろう。そうなれば激烈な熱波が遅い、世界の食料備蓄は減少し、生態系や生物多様性は損なわれ、海面上昇によって生命が脅かされる。[16]」

一方、日本政府は、温暖化対策として最優先に規制が必要な石炭火力発電を「成長戦略」に組み込み、インフラ輸出として推進する。メガバンク三行も化石燃料への莫大な額の投融資を行い、パリ協定以後の二〇一六～二〇一八年の、石炭火力発電企業上位三〇社への投融資額の多さでワースト一位が、みずほフィナンシャルグループ、二位は三菱UFJフィナンシャルグループ、四位がSMBC（三井住友銀行グループ）と、石炭火力発電への投融資額は世界でも日本からが最大だ[17]。

そして、高いCO2排出量と低い賃金との間には密接な相関関係があった。スウェーデンの石炭の歴史研究者アンドレアス・マルムは「安価で規律ある労働力を求めることと、CO2排出量増加との因果関係[18]」を示す。労働者の搾取と地球の搾取とはパッケージだったのだ。

しかし、新時代の三つの政策の柱――公共部門の民営化、企業部門の規制緩和、法人税の減税[19]により、公共部門は徐々に縮小しつづけ、緊縮財政という名のもとに正当化され、社会全体が際限のない犠牲を要求されている。グローバル資本主義によって、資源の消耗が急速かつ障壁なく進んでいるため、地球と人間は危険なまでに不安定化している。これまでの資本制社会で勝利を収めた文化が、私たちを自然界と対立させている。私たちは、地球と私たち自身を救うために、大企業たちに将来の利益を放棄させる必要がある。

4. 反自立という相互依存プロジェクト

世界では現在、民営化の失敗を経て、共有資源（コモンズ）の再公営化が進展している。二〇〇〇年から二〇一七年に、少なくとも八三五件の再公営化が実施され、世界四五カ国の一六〇〇以上の都市がその過程に関わっている。[20]

子どもストライキも世界を席巻した。スウェーデンのグレタ・トゥーンベリ（Greta Thunberg）一六歳の政府への温暖化抗議がきっかけとなり〝Fridays For Future（未来のための金曜日）〟という運動となり世界に広まった。二〇一九年三月一五日には、一六〇〇万人の子ども若者が、二回目の五月二四日はEU議会選挙に当て、一二五カ国、一八九万人がストライキに参加した。三回目の九月二〇日には大人も加わり、一六〇カ国、四〇〇万人のグローバル気候ストライキとなった。

ポール・メイソンは「国家が取り掛かる行動は、ゆくゆくは持続可能で協働的、社会的なものになるように市場を作り変えること」と述べ、税制改正による非利益や協働生産の創出に報酬をと具体をいう。[21]

ナオミ・クラインも「気候変動危機の真の解決策は、今よりずっと安定した公平な経済システム――すなわち、公的領域を強化・改革し、尊厳ある仕事を多く創出し、企業の強欲を徹底的に抑制するシステムの構築」[22]を提案する。

じつは、これらのムーブメントは根本的には自立主義を問い直すことになる。「環境危機の核心にある世界観に代わるオルタナティヴな世界観を提示することが必要である。すなわち、超個人主義ではなく相互依存に、支配的ではなく互恵的な関係に、上下関係ではなく協力に根ざす世界観だ。[23]」環境危機を形成する資本制社会に対するオルタナティヴな世界観とは、相互依存関係であり、反自立の世界観なのである。

冒頭で触れた協同組合たちは、世界で企業に抵抗して搾取と闘っている。「アルゼンチンの『回復工場』――労働者自らが運営する数百に上る協同組合がこう呼ばれる――のほとんどが今なお稼働しつづけており…この分散的な所有モデルには、まったく持続不可能な富の不平等へ向かおうとする流れを押し戻すというメリットがある。[24]」

たとえば私が加入する生協でも、原発を使わない再生可能エネルギーの「生活クラブエナジー」を立ち上げ、電気の共同購入も二〇一九年六月から始めた。共同出資のワーカーズコレクティヴも育ち、相互的依存プロジェクトを実現させている。

能力を用い、労働すれば報酬が得られ、生存のためには自立能力が必要条件という資本制社会は能力と所有の論理に支配されている。学校と社会、教育と労働過程は、資本制社会の原理により固く結合している。この結合を新しい人間的な原理によって再結合させる必要がある。私たちには、資本制社会の原理「能力に応じて」とのコンフリクトが求められている。

強調しておかなければならないのは、このフレーズの後半が無かったことにされているということだ。フレーズ全体はこうだ。「各人はその能力に応じて、各人にはその必要に応じて」[25]。後半を含めた「各人はその能力に応じて、各人にはその必要に応じて」という原理を配分秩序とすると、所有権の問題を無視することが可能になるとグレーバーは言う[26]。誰がどのような条件でなにを入手しうるのかという問題から自由になる。反自立という相互依存プロジェクトである。

おわりに

自立支配は、配分の不備により資本制社会に機能するようにある概念である。承認論で乗り越えることはできない。自立を問おうとすれば、経済的不平等である配分の問題、つまり資本制社会と対峙することが求められている。

世界を見渡せば、環境危機をチャンスに子ども・若者が行動している。国内を見渡せば、楽ではない暮らしぶりにも関わらず、それぞれの能力を暮らしやケア労働において分かち合い、生きる人々がいる。実は、私たちの日々は自立原理だけにとらわれてはいない。暮らしのレベルでは、毎日私たちは自立原理を創造的に破壊し、相互に依存し合い生きている。一方で、経済界や市民社会の基本原理は自立スタンダードとなっている。生活者からみると二重の原理で動いており、圧倒的に後者は支配的である。

自立支配のディストピアから逃れるためには、ポストモダン思想を用いても逃れ切ることはできない。このままの秩序を維持した資本制社会をひっくり返すくらいのことが求められているという問題を意識することがとても重要と思われる。

自立を強いる自由市場や温暖化、労働過剰を押し戻す可能性は、私たちみんなが居る場所にある。

注

(1) 横山正樹「公害輸出——日本企業の公害対策としてのフィリピン進出」『フィリピン援助と自力更正論——構造的暴力の克服』明石書店、一九九四年

(2) OXFAM International, *Public good or private wealth?*, 21 January 2019.

(3) 桜井智恵子「自立的な主体化という政治的態度」、工藤宏司・桜井智恵子・広瀬義徳・柳沢文昭・水岡俊一・堅田香緒里『「民意」と政治的態度のつくられ方』太田出版、二〇二〇年

(4) 日下渉『反市民の政治学』法政大学出版局、二〇一三年、五三頁

(5) 尾崎ムゲン『戦後教育史論　民主主義教育の陥穽』インパクト出版会、一九九一年、一三一頁

(6) 酒井隆史『完全版 自由論　現在性の系譜学』河出書房新社、二〇一九年、五三九頁、五一五頁、五二四頁

(7) 同右、五二七頁

(8) 同右、五五九頁

(9) Directorate of Intelligence, Central Intelligence Agency, *France:Defection of the Leftist Intellectuals* (Sanitized Copy

Approved for Release 2011/05/13: CIA-RDP86S00588R000300380001-5)

（10）「×（かける）哲学」プロジェクト http://timesphilosophy.blogspot.com/2014/08/blog-post_65.html（最終アクセス二〇一九年八月一一日）

（11）斎藤幸平「貧者は承認されうるのか？——資本主義における承認の野蛮化をめぐって」『思想』No.1137, 岩波書店、二〇一九年

（12）Axel Honneth, *The Idea of Socialism: Towards a Renewal*,（Cambridge:Polity,）2017.

（13）斎藤幸平『大洪水の前に　マルクスと惑星の物質代謝』堀之内出版、二〇一九年

（14）ナオミ・クライン／幾島幸子・荒井雅子訳『これがすべてを変える　資本主義vs.気候変動』岩波書店、二〇一七年、一四六頁

（15）『気候変動の観測・予測及び影響評価統合レポート2018～日本の気候変動とその影響～』環境省・文部科学省・農林水産省・国土交通省・気象庁

（16）ナオミ・クライン、前掲、一七頁

（17）https://world.350.org/ja/1000divestment/（最終アクセス二〇一九年八月一一日）

（18）Andreas Malm, *China as Chimney of the World: The Fossil Capital Hypothesis*, Organization & Environment 25, 2012.

（19）ナオミ・クライン、前掲、二五二六頁

（20）Olivier Petitjean（原著）岸本聡子・オリビエ プティジャン編『再公営化という選択：世界の民営化の失敗から学ぶ』、堀之内出版、二〇一九年

（21）ポール・メイソン／佐々とも訳『ポストキャピタリズム』東洋経済新報社、二〇一七年、四四四頁、四四九頁

(22)ナオミ・クライン、前掲、一七二頁
(23)同右、六一八頁
(24)同右、一六九頁
(25)酒井隆史「各人はその能力に応じて、各人にはその必要に応じて」『nyx』第5号、堀之内出版、二〇一八年、二八八、二八九頁。このフレーズを有名にしているのはマルクスの『ゴーダ綱領批判』だが、オリジナルは十八世紀フランスの著述家の創作という。
(26)デヴィッド・グレーバー／酒井隆史監訳『負債論――貨幣と暴力の5000年』以文社、二〇一六年、一四三頁。「各人はその能力に応じて、各人にはその必要に応じて」という論理は、労働の対価とはたらきが無関係となると述べる。

第2部

自立社会の新たな統治性

第4章

福祉依存批判による生活保護バッシングと自立支援の展開

―――桜井啓太

弱い者たちが夕暮れ　さらに弱い者をたたく（THE BLUE HEARTS : TRAIN-TRAIN）

1. 生活保護バッシングの構造

(1) 生活保護バッシングの一般的見解

近年の日本で最も激しかった生活保護バッシングの一つが、二〇一二年お笑い芸人の母親の生活保護受給を取り上げたものであろう。実際のところ、制度上は〝不正〟とは言えない内容であったが、メディアやインターネット上だけでなく、政治家までもがこれに加担した。結果、翌年二〇一三年からの過去最大の生活扶助引き下げや、扶養照会の強化など厳格化に舵を切った法改正を後押ししたともいわれる。

生活保護バッシングを「弱者がさらに弱者を叩く」（雨宮 二〇一二）と読み解く姿勢は根強い。冒頭の歌詞の一節（弱い者たちがさらに弱い者をたたく）にあるように、生活保護と同程度（またはそれ以下）の水準で生活するワーキングプア・低年金層（＝弱い者たち）が、生活の苦しさを生活保護受給者（＝さらに弱い者）へ不公平感という形で向け、バッシングするという。

しかしながら近年の実証研究では、このようなバッシングの担い手は必ずしも低所得層に限らず、むしろ比較的裕福な層が担っていると言われる。後者の見解では、低所得層はいつ自分が福祉を必要とするかわからないので安易に叩くとは限らない。調査結果ではむしろ生活満足度が高くなるほど貧困を自己責任と考える傾向があるとする（川野 二〇一二、山田・斉藤 二〇一六）。

また、『Chavs チャヴ』でオーウェン・ジョーンズが描いたのは、中流以上のマジョリティたちが、下層階級の生活様式を蔑む態度であった。それは、結局のところ「差別」に他ならないのだが、「普通」や「一般」を自認する彼らには、差別しているという自覚すらない。

バッシングをする側／しない側の違い（性別、年齢、階層、政治スタンス）を分析し、「バッシングの担い手はだれか」を明らかにすることは重要である。しかしながら、本稿では両者が共有する価値観に目を向ける。バッシングして福祉切り下げを支持する人びとと、バッシングせずに福祉受給（利用）者(1)

への自立支援を支持する人びとの間には、共通の価値規範が隠れている。

(2) 生活保護バッシングを支える「福祉依存」と「自立支援」

生活保護バッシングは、その論理の内に「福祉依存」に対する強い非難を含む。福祉依存(welfare dependence)という言葉は、アメリカの福祉女王(welfare queen)や、イギリスのチャブ(Chavs)のように、[2]貧困・低所得層を標的とし、彼らに特有の性質として依存性(dependency)があることを主張し、福祉受給者と非福祉受給者との間に文化的・性質的違いがあることを強調する。このように貧困層・福祉受給者を「(私たちとは)異なる存在」とみなす態度を、「悪魔化(他者化)」(ヤング 一九九九=二〇〇七)と呼ぶ。

バッシングにおいて用いられる「福祉依存」であるが、社会福祉制度全般が標的になるのではなく、「依存を生む」福祉制度が問題視される。[3]社会福祉は、「依存を生まない福祉」と「依存を生む福祉」に分断され、後者は役立たずで前者が望ましいとされる。その分断の中で福祉制度は「自立支援」型へと転換していく。英米のワークフェア改革やヨーロッパ諸国のアクティベーション政策は、その多くは中道左派政権(日本でいうリベラルな政権)でむしろ促進された。右派は、「福祉の切り下げを」(=充実した福祉があるから人は働かなくなる)といい、時には保守派の家族主義にも結びつく(=充実した福祉があるから家族規範が弱まる)。左派は福祉切り下げには同調せずとも、福祉依存は問題であり、仕事や他の有益な社会活動に受給者をつなげることで依存を解消しようと努める。

福祉依存を敵視している国として、アメリカは最たる国である。そしてトランプ政権下でその傾向は加速している。トランプ大統領の支持者であり、ウィスコンシン州の前知事スコット・ウォーカーは、"transitioning people from government dependence to true independence"（政府への依存から真の自立へ）を連呼する。福祉依存を攻撃する者がいう「真の自立 true independence」。セーフティネットが依存と怠惰を生む「ハンモック」と化しており、労働市場へ自立させる「トランポリン」に変えるべきという（図１）。

また、二〇一九年八月、アメリカ移民当局のトップであるケン・クチネリ長官代行は、フードスタンプや公的医療保険などの社会保障制度を利用する移民に対し永住権や市民権を付与しないというトランプ政権の方針の議論のなかで、自由の女神像の台座にある有名な詩の一節をもじって「疲れ果て貧しくとも、自立でき生活保護を受けない民衆を私に与えたまえ」と語った（原文は「疲れ果て貧しくとも、自由の息吹を求めて身を寄せ合う民衆を、あふれかえる岸で拒まれる哀れな民衆を、私に与えたまえ」。経済的自立や福祉受給を引きあいに排除してはならないという戒め）[4]。

Scott Walker
@ScottWalker
フォローする
By rewarding work, our reforms to welfare are a conservative model for transitioning people from dependence on the government to true independence! #WIForward
ツイートを翻訳
11:01 - 2018年1月18日
14件のリツイート　41件のいいね
19　14　41

（図１）スコット・ウォーカーのツイッター
訳：我々の福祉改革というのは、仕事にやりがいを与えることによって、人びとを政府への依存から真の自立へ移行されるという保守的なモデルだ。（2018 年 1 月 18 日投稿。2020 年 4 月 20 日確認）。

依存の敵視と自立の称揚は、しばしば同じ文脈で語られてきた。仮にどちらか一方を強調する場合でも、それは表裏一体であるといえる。

2. 自立支配社会における依存

(1) 自立支配社会における福祉と人間像

「生活保護受給者に寛大すぎる」と非難して給付削減を求める場合も、削減は求めずとも(就労)自立を強調する場合も、ともに「福祉依存」を問題視する。バッシングは受給者の悪魔化によって成立し、自立支援はパターナリズム(あるいはマターナリズム)から支持される。

フェミニズム理論の哲学者であるエヴァ・フェダー・キティは、上記のような右派左派による福祉改革の応酬のなかでも、両者はある種の価値規範を共有しているという。共通の価値規範とは、自立的稼ぎ手モデルを市民の基本像として描いている点である(キティ 一九九九=二〇一〇、二六八頁)。両者に共通するのは「自立=よい、依存=ダメ」という素朴な価値観であり、これは近代リベラリズムが市民に期待する「自立した近代個人」(強い個人モデル)を背景にしている。

依存を否定し個人の自立を前提とした近代社会において、〝自活できない人びと〟(すなわち貧民)は、常に頭を悩ませる存在であった。しかし、それら残余とされた存在をそれでも国家が統合しようとするメカニズムが「社会福祉」であった[5]。そしてこれは福祉の目的をどう捉えるかということでもある。

福祉は、個人のウェルビーイング well-being な状態を満たすために在ると言われる。一方で、個人の自立を達成するという強い目的を基盤に置いた福祉は、ウェルビカミング well-becoming を志向する。ただ

〝在る〟だけではなく、よりよく〝成る〟という方向性。このことは人間存在をどのように捉えるかという社会の合意が背景にある。人間存在を、人として〝在る〟human being としてみなすか、人に〝成る〟human becoming としてみなすか。前者の場合、〝在る〟ために必要なものを充足（保障）することが求められ、後者の場合は教育・訓練に回収される。

私たちは、このような人間存在の承認の在り方を「存在承認」と「業績承認」と分けて区別してきた（桜井智・広瀬編 二〇一三）。ただそこに〝在る〟ことをもって受け入れられることと、何かに〝成る・達成する〟ことによって受け入れられること。現在では後者の態度が支配的であり、社会の成員全てが自立した近代的個人像へと教育され、支援される。

(2) 依存の隠蔽

自立した個人という近代社会の原理を、フェミニズム理論は男性型賃労働ありきの社会モデルだとして批判してきた。そこではケア労働に代表される依存労働を周縁化し、本来の人間存在の持つ依存性が隠蔽される。

そのような社会において、自立は十全な市民の条件とされ、福祉はその欠落を補い将来の自立に資するために提供される。自立を目指していないと判断された人びとや、自立に役立たないとみなされた制度は「依存を助長する」と非難の的となる。

しかし、「福祉依存」はあくまで貨幣の獲得手段が福祉であるというだけの話である。一方、〝たまたま〟

福祉を利用していない人びとは、「実は多くのものに依存している事実に無自覚でいられる」ため、それゆえ〝私〟の依存は無いものであるかのようにされてきた。特定の身分や地位にある者だけが所有するものを「特権」と呼び、それは社会の成員全てが享受すべき「権利」とは異なる。自らの依存を無邪気に否認できる「恵まれた」人びとにのみ許された「自立」とは、そもそも特権であり、権利ではなかったのではないか。

依存に着目した理論や説明もなかったわけではない。「適度に依存することは、人間の自立にとって不可欠だ」というように、特に幼少期の充分な依存（甘え）を人間形成の要素とみなす（畠中 二〇〇二）など。この種の議論は、人は幼少期や老年期のみ依存していて、青年期や壮年期には自立していると錯誤させる。むしろ人はずっと依存しているが、自立したように錯覚できる特権が青年期や壮年期に与えられるというだけなのである。自立とはフィクションであって、依存とはリアルな関係性である。べつに依存は自立の準備のための踏み台ではない。

（3）福祉依存 ⇩ 福祉支配

筆者は、本書第2章において近代以降の依存（嗜癖）概念の拡大について分析した。常習性のある物質（物質依存）、特定の行為への執着（行動依存）、他者コントロールへの欲求（関係依存）から、さらに概念を拡張させ、制度と人間の関係のなかに「依存」を認めたのが「福祉依存」である。しかし、制度と人間の依存の関係は、時代によって変遷している。

一八九〇年代に「依存 dependency」と福祉制度との関係が言及されたとき、それは「子ども」に関するものであった。当時、すでにスティグマに塗れていたポーパリズム（被救済民主義）への対抗、扶助の受給を脱スティグマ化するために、罪のない子どもを対象に「依存」を戦略的に用いた(6)（フレイザー・ゴードン 一九九七＝二〇〇三、二〇〇頁）。一九一三年、児童労働の規制に取り組んだ運動家マッケルウェイがアメリカ独立宣言のパロディとして作成した「アメリカの児童の依存宣言」がある。

アメリカの児童の依存宣言（一部）
我々は自分達が寄る辺なく依存した（dependent）ものであることを宣言する。我々は依存したものであるとともに、権利において依存すべき存在である。それ故ここに、我々のよるべなさについての訴えを表明するとともに、子供期の権利を享受できるような保護が我々に与えるよう訴える。
（マッケルウェイ 一九一三＝一九九二、三〇六頁、森田 一九九九＝二〇〇八、一七〇―一七一頁）

ここでは「依存」は軽蔑的な用法で用いられず、むしろ「依存する権利」を主張している点が現代の用法とは大きく異なる。それに対して、依存を権利としてではなく、制度利用する成人特有の傾向として、むしろ制度が助長する固有の性質であるかのように語られるのは、アメリカにおける診断主義ケースワーク、心理学的アプローチの要因が大きい。一九五〇年代以降、精神医学に影響を受けたソーシャル・ワーカーらが、依存を女性に、とりわけシングルマザー（福祉受給者が多い）に特有の未成熟の一形態として診断し始めた（フレイザー・ゴードン 一九九七＝二〇〇三、二〇六頁）。

その後、一九七〇年代の福祉女王（Welfare Queen）、人種差別と女性差別の要素のなかで、「貧困の罠」に陥った黒人女性、未婚の十代というステレオタイプを与えられ、彼女らに象徴される性質としての「福祉依存」概念が形成された。ここでも依存は、自己コントロールの喪失、人格の未成熟として描かれる。欲望に流され、妊娠し、仕事をせず、与えられた給付金で生活する。福祉はそれを矯正できず、むしろ依存的な性質を悪化させる、というのである。

しかし、他の「依存」が全て「支配」に置き換えて問題とされなければならなかったように（第2章）、ここでも問題は、福祉「依存」ではなく、福祉「支配」である。何かに頼るという（それが社会福祉制度でも）行為が病理化され、特定の生の様式だけを非難する。それは、その制度を利用する人びとの生を支配することである（「自立支配」）。

問題を転換すると見える景色も変わる。福祉を頼ることは何も悪いことではない。「乱用」でも、「病理化された依存」でもなく、ただの「利用」（依存から従属を除いた用法）。社会福祉を通じて、人間の依存を奪い、対象を支配しようとする支援（福祉の要件化 requirement や、自立 independent への押し出し）こそ非難されねばならない。制度に内在された支配性も同様である。日本の生活保護や児童扶養手当、所持金がほとんどゼロになるまで利用させず、親族の状況を調べ上げ、移動手段を制限し（車の利用を認めず）、異性との交際状況にまで逐一報告を求めるのは、DV夫の支配の方法と変わらない。このように対象を弱者化させ、支配するような仕組みは現行制度の至るところに残存している。

3．依存を受け入れる社会

冒頭の歌詞に戻ろう。「弱い者たちがさらに弱い者をたたく」。これは貧困者がさらに極貧にあえぐ者を蔑み、排除された者がさらなる排除者をみつけて差別することではない。最初の「弱い者」とは、自身の依存を直視せずに隠蔽し、自立をうそぶく私（たち）のことである。本来は弱く依存しているはずの私が、経済的な稼得手段を占有し、自己統治と自己決定を実現しているかのように振る舞う。一方でいまの社会のなかで依存手段を限定された者を「さらなる弱者」として、その依存を非難し、あるいは寄り添い励ますふりをして「自立しろ」と声かけながら支配する。

生活保護バッシングの克服は、わかりやすくバッシングしている者を戒めるだけでは到底足りない。バッシングの表裏関係にある「自立支援」をも厳しく問いながら、近代社会の「自立原理」全体をターゲットにしなければならない。そうして「福祉依存」という依存の一形態を認め、「稼得依存」との間の差異をなくしていく。近現代社会は「働いてカネを得る」という行為に過剰な意味づけをして、特権的な地位を与えている（それは就労によって「自立」しているという表現にあらわれる）。しかしそれは稼得という一行為に「依存」しているだけである。その差異や不平等をなくすために、稼得者や非福祉受給者の隠蔽されている依存を表出させねばならない。

「自立」概念を、福祉の利用者側が自分たちの言葉として組みかえようとした運動に、障害当事者の自立生活運動（Independent Living Movement）があった。自立生活運動を契機に設立された自立生活センター（ＣＩＬ＝Center for Independent Living）について、近年イギリスでは、Center for Inclusive Livingと呼ぶこともあるという。これは運動を牽引してきた〝強い〟障害者たちの「自己決定による自立概念」を問い直し、「人間はすべて相互に依存し合っている（inter-dependent）のだという認識」（バーンズ二〇一一、九六―一二四頁）を基盤としているという（田中二〇一六、一七七頁）。

個人の自立を目標にするのではなく、人間すべての相互依存を表出させる戦略である[7]。その意味で、昨今の社会福祉の地域共生社会における「支え合い」という言葉は、全く不十分であり、むしろ危険である。「支え合い」は、ともすれば「支配し合い」に転化する。「誰もが支え手にまわれる」とか、「参加を通じて貢献できる」という、結局は人を有用性で評価している分断の言葉ではなく、人はすべてどうしようもなく依存しているという基本認識から始めなければならない（その意味では依り合いの方がまだ近い）。

それが支配を緩め、依存を拓く、ただ一つの道である。

注

（1）「福祉受給者」より「福祉利用者」表現の方が権利性が高いという議論があり、趣旨には賛同するが、筆者は「受給」という言葉に過度のスティグマを持たせないほうが良いと考える。本稿は生活保護バッシングに関する分析であり、あえて前者を使用している。

(2)近年の日本では、「アンダークラス」という用語の言説が流行している(橋本健二二〇一八)。この言葉は英米圏では、貧困・低所得者を道徳的に糾弾し、文化的に差別する「意味が絶望的に〝汚染された〟用語」として社会学者の多くが、意図的に使用を控える概念である。

(3)この言説は、「〝本当に必要な人〟に支援を行う」というのと似ている。暗に「〝本当に必要でない人〟が支援を利用している」と匂わせる。

(4)AFPBB News 二〇一九年八月一四日「米移民当局トップ、自由の女神像の詩を歪曲 移民に自立求め非難の的に」。

(5)「自立する個人」と「近代社会（国家）」における「社会福祉」の位置付けについては岩田（一九九八）参照。

(6)しかし、福祉依存の侮蔑的な用法の拡がりが現代以降であったからといって、中世~近代の貧民救済システムに権利性があったわけでは当然ない。「怠惰 idle」に対する危機感を増幅させたのがこの時期であり、「危険な貧民」「怠惰という罪」で貧民を罰していた（乳原二〇〇二）。現代では、これらを「依存」という言葉で狡猾に覆っているだけである。

(7)ソーシャルワーク理論においても、human being（human becoming ではなく）として、「人間尊重」をソーシャルワークの三つの価値の第一に据えたゾフィア・ブトゥリムがいる（「尊重は、その人が何をするかにかかわらず、ただ、人間であることによっているのである」（ブトゥルム 一九七六＝一九八六、五九頁））。

ブトゥリムは、三つの価値の二つめに「人間の社会性」を掲げ、人間はそれぞれに独自性をもつが、その独自性を貫徹するのに他者に依存する存在であるとして、他者への依存性を前提として、ソーシャルワークの可能性を追求している。

参考文献

雨宮処凛「弱者を叩く『祭』」『現代思想』二〇一二年九月号
岩田正美「『個人』と『社会』、その統合としての社会福祉の諸概念――社会福祉学原論ノート」『人文学報　社会福祉学』14号、一九九八年、一―二二頁
乳原孝『「怠惰」に対する戦い――イギリス近世の貧民・矯正院・雇用』嵯峨野書院、二〇〇二年
川野英二「大阪市民の貧困観と近隣効果――貧困層は対立しているのか？」『貧困研究』vol.9，二〇〇二年、一六―二九頁
エヴァ・フェダー・キティ／岡野八代・牟田和恵監訳『愛の労働あるいは依存とケアの正義論』白鐸社、一九九九＝二〇一〇年
桜井智恵子・広瀬義徳編『揺らぐ主体／問われる社会』インパクト出版会、二〇一三年
田中恵美子「地域で生活するということ――自立生活運動の歴史と展開」岩田正美編『社会福祉への招待』放送大学教育振興会、二〇一六年、一六七―一八五頁
コリン・バーンズ／堀正嗣・川口尚子訳「障害学と障害者政策――イギリスの経験」『障害学研究』7号、明石書店、二〇一一年、九〇―九七頁
橋本健二『アンダークラス――新たな下層階級の出現』筑摩書房、二〇一八年
畠中宗一編『自立と甘えの社会学』世界思想社、二〇〇二年
ゾフィア・ブトゥリム／川田誉音訳『ソーシャルワークとは何か――その本質と機能』川島書店、一九七六＝一九八六年

ナンシー・フレイザー・リンダ・ゴードン「『依存』の系譜学——合衆国の福祉制度のキーワードをたどる」『中断された正義——「ポスト社会主義的」条件をめぐる批判的省察』御茶の水書房、一九九七＝二〇〇三年

Mckelway, A.J. Declaration of Dependence by the Children of America in Mines and Factories and Workships Assembled' 2 Child Labor Bulletin 43 Aug. 1913

森田明『未成年者保護法と現代社会——保護と自律の間』〔第2版〕有斐閣、一九九九＝二〇〇八年

山田壮志郎・斉藤雅茂「生活保護制度に対する厳格化志向の関連要因——インターネットによる市民意識調査」『貧困研究』vol.16, 二〇一六年、一〇一—一一五頁

ジョック・ヤング『排除型社会』洛北出版、一九九九＝二〇〇七年

第5章

フレキシブル化する労働と自律的な「高度人材」という罠

広瀬義徳

はじめに

現代社会における労働の変容は、そのフレキシブル化を一つの重要な特徴としている。低成長時代における雇用規制の緩和という構造的背景を有するその動きは、労働の場の柔軟化、雇用形態の複雑化、雇用の流動化、労働時間の裁量性といった様々な形態・側面でわたしたちの働き方を変えようとしている。この章では、その中でも「高度人材」「高度専門職業人」「高度専門業務」といった労働カテゴリーが新たに構築されている点に注目する。その多くは、労働者自身に自己責任を負わせる形で統治を実現する。

自律的で高度な職業人像は魅力的である。しかし、その受容が生活（時間）の自由や自律性などからわたしたち自身を遠ざける帰結を生まないかよく考えてみる必要がある。

具体的には、まず、過剰化する「労働」の由来を思想史的に近代まで遡行しつつ対象化した上で、労働倫理がより強調される今日、人々に抑圧や分断がもたらされていることを述べる。過労死・過労自殺まで生み出す長時間労働には、「労働」の肥大化が顕著に現われている。「高度人材」にしても、自主性・裁量を尊重されているようでいて、それが「専門（特定）業務」や「特殊な職務」だとする理由から、無理な働き方を迫られている。魅力的に響くその労働カテゴリーにどのような罠がひそんでいるのか、それを冷静に見据える。

1．近代における「労働」への格上げ的評価の成立から現在まで

（1）人間諸活動における「労働」評価の思想史

H・アーレントによれば、世界における人間諸活動は、「活動（action）」「仕事（work）」「労働（laber）」の三類型に分けられるというのが古代ギリシアの見解であった（H・アーレント 一九九四）。そして、ここでの「労働」は、ポリスの自立した市民階層の政治活動に比して、奴隷的性格の労働として差別的・蔑視的な格下げ評価を受けるものであった。労働に用いる道具の改善・高度化は、生命維持のための努力や苦痛を次第に和らげるが、この評価が転倒するのは近代になってからであるという。

近代資本主義経済が成立したのを契機に、価値の源泉としての「労働価値」説が誕生し、それまでとは違う「労働」への評価に転じる。古典派的「労働価値」説もマルクス的「剰余価値」説も、価値の源泉を人間労働に求める「投下労働価値」説のバリエーションであり、その意味で「労働」の格上げ的評価であった（今村 一九九八）。K・マルクスの場合は、労働の本来的な創造性を肯定しながら、他方では、資本主義的生産における「疎外された労働」を克服し、労働者階級による普遍人間的な「解放」のポリティクスを根拠づけた。それは、労働力の商品化によって産業資本が自己回転することとなった蓄積システム以後の階級闘争となって展開し、現実の社会主義諸国の誕生にも寄与した。

アーレント自身は、近代に入ると「活動」や「仕事」を取り込んで「キメラ化した労働」の肥大化・無限増殖が進んで「公共性」を侵食し、人間の複数性を認めない全体主義が到来することを危惧した。[1] 齋藤は、次のようにその趣旨を解説する。「アーレントの恐れは、人々が正常な規範にしたがう行動を繰り返すことによって、政治的に従順な生の様式へと馴致されてしまうことにある。フーコーが『監獄の誕生』で見事に剔出した『規律権力』の目標、『経済的な有用性と政治的な従順さとの並行的増強』という目標はまさしく『社会的なもの』の目標である。」というのである（齋藤 二〇〇〇、五三頁）。

資本主義的な労働が拡張すると、人間の規格化・標準化が進んで経済的有用性を高めると同時に、政治的な従順さに呼応するというアーレントの診断は妥当だろうか。これを一思想家の反事実的なペシミズムとして退けられない理由は今もあるだろうか。そうであるなら、人間の「複数性」という条件を根拠に、[2] 全体主義（ファシズム、ポピュリズム）への不服従や「公共性」の奪還を図ることは必ずしも過去の課題ではない。近代固有の労働をめぐっては、ひとまず以上のような両義的な評価と課題が見出されることを押さえておきたい。

（2）労働倫理の強調とフレキシブル化する「先端」「高度」分野の労働

労働よりも消費に価値と意味が与えられる後期近代（現代）では、労働所得がなく消費できない人々は、自由競争の「敗者」として、福祉からもコミュニティからも、そして「人間の尊厳」からも社会的に排除される。かつて人々を社会化させ、福祉国家を安定的に機能させていた労働倫理が、この新たな統治では、自立できない〈不要な人々〉を切り捨て、社会に分断をもたらすよう転化するという（Z・バウマン二〇〇八）。

低成長時代において強調されるようになった労働の倫理化は、生産労働に従事しない者を道徳的に貶め、排除して孤立させながら、経済的自立へ向けた教育・訓練を福祉給付の要件としてその一部を包摂する。だが、それは支援しながらの追い立てとなる。その一方で、「先端」分野における労働の在り方も変容している。「先端」分野では企業組織の流動化に伴って労働者の仕事の質や形態が変容し、それによって生活それ自体も個別化・暫定化して、自己の主体性まで安定性が揺らぐ。こうした経済のフレキシビリティは、大量の中産階級を安定した組織帰属性や準拠集団につなぎとめていたそれまでとは変わって、「漂流する個人」の自由な孤独を生む。この中で、一見目覚ましい「活躍」「成功」の場面や機会を一部の「理想的」な人間に与えて魅力を煽る。その典型が、開発職やコンサルタントといった特定の「高度人材」とされる人々なのである。

だが、この「高度人材」「高度専門職業人」の魅力は、比較的高い所得以外では、経験を軽視され、能力の自己管理を強いられる状況の中で、短期的サイクルで地位保証のない職を移動し、それでも振り返らないという限られた条件の下でしか成立しない。日本でも、ゲーム開発のプログラマーなど一部の「専門」的な業種・業務は、変形労働時間制・フレックスタイム制であったが、近年それらの一部は裁量労働制（「専門業務型」「企画業務型」の二つ）へと移行している。こうした経済のフレキシビリティの影響は、先端産業が発信源であるが、その範囲に止まらず消費を含む生活全体へと波及してきている（R・セネット二〇〇八）。

2．「高度人材」活用戦略とその罠

（1）「高プロ」の自主管理による自律性喪失

「高度プロフェッショナル制度」とは、「高度の専門的知識等」を有し、職務の範囲が明確で一定の年収要件を満たす労働者を対象とする。そして、労使委員会の決議及び労働者本人の同意を前提として、年間一〇四日以上の休日確保措置や健康管理時間の状況に応じた健康・福祉確保措置等を講ずることにより、労働時間、休憩、休日及び深夜の割増賃金に関する労働基準法の規定を適用しない制度である。つまり、一定の年収がある「専門職」を労働時間規制や時間外割増し賃金等の適用対象から外し、時間ではなく成果で労働の貢献を評価し、賃金を支払う仕組みである。労働者の側は、使用者が決定したのではない時間で、自由に労働する裁量が認められる（以下、略して「高プロ」と呼ぶ）。

この「高プロ」における裁量労働制は、「自律的で自由度の高いフレキシブルな働き方」の実現に向けた労働時間管理としてその意義を説明されるが、時間管理を含めた業務の遂行方法を大幅に労働者の自主裁量に委ねる設計には両義性がある。というのも、この裁量労働制における「みなし労働時間」が固定されると、かえって残業させやすい状況が生まれ、個人の働き方の自律性とされるものは名目化し、ワーク・ライフ・バランスを失調させた長時間労働の温床となるためである。こうした業種・職種をはじめ、過労死・過労自殺は、自分がやりがいを感じて好きであれば臨界点を超えてでも働くことを肯定するような社会で発生する（熊沢 二〇一八）。

当初、当該制度の対象となる労働者は、残業代を除く「年収一〇七五万円以上」の者で、「高度な専門的知識」が必要な職として、証券アナリスト、研究開発職、コンサルタント等が想定された。だが、立法化後にこの限定された対象の範囲拡大や要件の緩和等がいずれなし崩し的に進められる危険性は、労働者派遣法の顛末からしても現実的である。

もともと二〇〇六年の第一次安倍政権期から導入を画策した制度で、初め「ホワイトカラー・エグゼンプション」の名称を用いていた。第二次安倍政権期の二〇一五年にも、「高プロ」導入を盛り込む労働基準法一部改正案を国会提出したが失敗した。これが電通社員の過労自死問題を契機とする「働き方改革」関連法案として、再び二〇一八年四月六日に国会提出され、野党や過労死遺族から「スーパー裁量労働制だ」「過労死を招く」などと批判されながらも、同年六月二九日の参議院本会議で可決、成立した。

「高プロ」は、上記のような自立した先端分野の職種・業種においてフレキシブルで自由な働き方を促す積極的な措置であると、その魅力を説かれている。そこに向上心や自尊心をくすぐられる者もいるだろう。しかし、そこにはフレキシブルな労働の主体化と同時に、使用者の側が業務量を削減して長時間労働を短縮する環境改善や人件費負担の努力を回避しても、生産性の向上を個別労働者の自己責任・自助努力に負うものとして突き放してしまう罠が待ち構えている。

(2)「高度外国人材」と「特定技能」という選別的な外国人受け入れ政策

少子高齢化の進行に伴って生産年齢人口が縮小し、成長を望んでもそれが見込めない停滞経済の構造となった日本は、増大する社会保障・医療費等の公的負担もあって、財政上の大きな困難に直面している。だが、財政健全化を先送りにし続ける政府の成長戦略なるものが、依然として有権者に支持されている。多少の上下変動はあれその成長戦略と呼ばれるものが達成するのは、近年せいぜい年率〇・五%から一%程度の実質成長率に過ぎない。政府は、非正規職も含めれば雇用情勢の「改善」や景気「浮揚」の成果は上がっているというが、今後の経済運営については「民意」の支持を調達したはずの政権与党自身が先行きを憂慮している。「非移民国家」の国是を維持した上で、もう一つの「高度人材」活用戦略を浮上させた理由もそこにある。

もう一つの戦略というのは、「高度外国人材」制度の導入のことである。ここで積極的な受入れ促進を図る「高度外国人材」とは、「国内の資本・労働とは補完関係にあり、代替することが出来ない良質な人材」で「我が国の産業にイノベーションをもたらすとともに、日本人との切磋琢磨を通じて専門的・技術的な労働市場の発展を促し、我が国労働市場の効率性を高めることが期待される人材」とされ、財界の要望にも応える内容となっている（二〇〇九年五月二九日、高度人材受入推進会議報告書）。具体的には、「高度外国人材」に対しポイント制を活用した出入国管理上の優遇措置を講ずる制度が導入された（二〇一二年五月七日）。その内容は、対象者の活動内容を「高度学術研究活動」「高度専門・技術活動」「高度経営・管理活動」の三分類し、各特性に応じて「学歴」「職歴」「年収」等の項目ごとにポイントを設け、ポイントの合計が一定点数（七〇点）に達した場合のみ、出入国管理上の優遇措置を与える仕組みとなっている。

他方、二〇一八年一二月の出入国管理及び難民認定法の一部改正により、不安定な業種・職種（在留資格「特定技能1号・2号」）への外国人受け入れも拡大されることとなった。深刻な人手不足とされる一四の業種・職種において、これまでの「技能実習生」に代わって「特定技能1号・2号」として活用する形での受け入れ拡大である。ただし、一四業種の「特定技能1号」では、家族帯同を認めていない（建設業と造船・舶用工業の二業種のみに導入される「特定技能2号」だけが家族帯同を認められる）。実際には、これら「特定技能」で労働に従事する外国人だけでは人手不足を補完できず、すでに週二八時間という就業制限のある「留学」の在留資格で来日した留学生などが、上記一四業種・職種に入り込んでいるという（出井 二〇一九）。こうした選別的政策によって、優遇される一部の「高度外国人材」と低賃金で過酷・危険な労働に追い込まれる周辺外国人との間には「能力」や「資格」の要件・基準で「境界」

が引き直され、後者の矛盾対処には在留管理の強化でもって応じる新体制が構築されることとなった[3]。

しかし、これらは短期的な活用（利用）が済めば出身国に帰国してもらう想定での国家戦略であり、不可逆的に生じる恋愛・婚姻等による国際家族の増加や滞在の長期化・定住化を見据えた総合的な「移民」政策は不在である。外国人の受け入れ拡大にあたって日本語指導の充実こそ自治体ベース・民活方式で進められているが、国籍や能力にかかわらずインクルーシブな学校・社会づくりは立ち遅れている。総じて雇用・社会保障制度の普遍化や政治的発言・参加・代表の脱国民化など、増加する外国人住民の定着を前提とした社会統合のデザインは見えない。

3．教員の歯止めなき「過剰労働」を問う

（1）「給特法」における「教職調整額」の問題性

学校の教員も、近年その働き方改革がクローズアップされてきた職種の一つである。

政府の「働き方改革」では、長時間労働による過労死等を防止し、労働環境を改善することも含めて、生産性向上が主要な狙いとなっている。民間の場合、大企業では二〇一九年四月から、中小企業では二〇二〇年四月から労働基準法に則って、罰則付きの時間外労働の上限規制が適用されることとなった。上限規制自体は望ましいが、その一方で総労働量の削減や人員の増強などが図られなければ、厳しい企業間競争と収益増大を迫られる経営の下で、労働性が可視化されない「持ち帰り残業」に転化する

危険性は拭えない。

公立学校教員の場合、民間に適用される労働基準法を一部除外にする形で、公立の義務教育諸学校等の教育職員の給与等に関する特別措置法（以下、「給特法」と略記）という特別法が適用される。二〇一九年一二月四日の「給特法」一部改正により「変形労働時間制」を導入したが、繁忙期における長時間労働の追認・助長（在宅での「持ち帰り残業」を含む）と閑散期における休暇取得の実効性などが、すでに問題視されている。

この「給特法」は、「残業代ゼロ」で教員の長時間労働を生む制度と解説されたりもしているが、それは正確な制度理解に誤解を与えかねない（内田 二〇一八）。「給特法」という法律は、基本的に教員の職務と職務態様の特殊性を理由に、その労務提供を包括的に評価して報酬を与える「教職調整額」の仕組みが要なのである。「高プロ」の固定残業代制を先取りした制度と見ることができる。「教職調整額」と呼ばれる月額給与の四％分を上乗せして、それで所定の勤務時間（法令上の休憩時間を除き週三八時間四五分）に加えて、例外たる時間外勤務及び休日勤務の相当分も含めた給与全体をあらかじめ「調整」して支払い済みと見なすため、時間外勤務及び休日勤務手当を支給しないルールになっている。

だが、原則的に時間外勤務は命じられず、例外的に政令・条例で定めた限定四項目（「校外学習その他生徒の実習に関する業務」「修学旅行その他の学校の行事に関する業務」「職員会議に関する業務」「非常災害の場合、児童又は生徒の指導に関し緊急の措置を必要とする場合その他やむを得ない場合に必要な業務」）のみが許されている。しかしながら実際には、上記四項目以外も含めた業務での時間外勤務等が常態化し、長時間労働に歯止めが効いていない[4]。

ところが、この問題を審議してきたはずの中教審の「新しい時代の教育に向けた持続可能な学校指導・運営体制の構築のための学校における働き方改革に関する総合的な方策について（答申）」（第二一三号、二〇一九年一月二五日）が、「給特法」における「教職調整額」の改廃を棚上げにしてしまった。その理由として、「専門職としての専門性とも言える教師の職務の特徴を踏まえた検討が必要」という意見や、「『給特法』を見直して『労基法』を原則とすべきという意見に対して、教育の成果は必ずしも勤務時間の長さのみに基づくものではなく、『人確法』も含めた教師の給与制度も考慮した場合、必ずしも教師の処遇改善にはつながらない」とする懸念が示された[5]。この「教職調整額」の廃止が国の財政負担増に直結することは確かだが、教員の「専門性」「特殊性」論がこれを改廃する上での論理的な足枷となっている。

そうして「専門性」を強調される教員だが、昨今は、授業などの本来的業務に専念できる環境づくりが目指され、「学力」スコアの向上に否応なく仕向けられて業務のスタンダード化・規格化が進行している。「教育課題の多様化・高度化」に対しては、教員以外に不安定処遇の多様な非正規職員を配置する「チーム学校」政策で対応しようという。それでも学校が設定する成果目標以外によそ見をするゆとりが失われれば、教員にせよ子どもにせよその思考や経験は硬直しかねない。教員の「働き方改革」の名の下に、他の学校職員の負担強化が進むようなことも避けるべきである。

（2）主体的に「働き過ぎる」教員の自己規制を解く

個別教員の労働時間の長短は、学校種や担当業務等によっても異なっている。だが、その長短にかかわらず、一律一定の給与支給を約束する仕組みが「教職調整額」であった。これが管理職による所属職員の勤務時間管理を杜撰にさせ、また、教員自身の労働時間意識も希薄化させる制度面での一要因となっている。

冷静に考えてみると、労働時間の長短と連動しない一律給与の支給という「教職調整額」のルールに従えば、定刻で退勤してもルール違反ではない。それにも拘らず、多くの教員が超過勤務を含む長時間労働に従事しているのはなぜか。マクロ的には、低成長時代における教育への過剰な期待や社会全体のサービス化等が進行する中で、学校は、こなし切れないほどの総業務量や業務上のリスク管理として事細かな説明責任を負わされる傾向にある。しかし、それらの業務・活動を分散して一人当たりの単位労働量を減じるために必要な教職員の基礎定数改善は十分になされていない。そうした状況下で当該業務・活動を自らの職業規範から引き受けようとすれば、定時退勤できない教員が多く出てくるのは当然である。

そして、この「働き過ぎ」がやっかいなのは、「子ども（の成長・発達）のため」という目的・意義に向けて貢献する専門家という教員の職業的アイデンティティないし職業規範に起因する側面があるところである。教員という職業にまつわる社会からの役割期待の無限定性や無定量性について相対化する視点がないと、長時間休憩なしの労働であっても、自ら業務を〝主体的〟に引き受ける自己規制が成立する。現状は、教員の年齢構成上のアンバランスさや非組合員の増加、学校に内在する同質性の強い文化といった組織的な面でも過剰労働は抑制しにくい状況にある（教職員の多忙化と自己規制に関する研究委員会

編 二〇一六)。だから、「子どものため」に尽力をという教員や保護者ら関係者の「思い」を受け止めつつ、これからは学校の業務・活動について質的に優先順位をつけて減量していく社会的努力こそが必要である。

その際、専門家たる教員の職務（態様）が、ストップウォッチで計測するように単位時間に応じて成果の上がるような性質にないという「特殊性」論を持ち出して、労働時間とそれ以外の生活時間との「境界」を奪い、前者の肥大化によって後者を圧迫する「殺し文句」に使わせてはならない。それでは、教員をフレキシブルに働く「専門職業人」だといってみても、生活全体の自律性は侵食されてしまう。また、部活動指導を含め、自らがやりがいを感じて「好んで」担う教員がいるからといって、ワーク・ライフ・バランスを失した「働き過ぎ」状況の全体を当事者の自己責任で済ませていいわけではない(6)。

こうした意味で、現代的な教員の「働き過ぎ」問題は、政府によってやりたくない大量の業務を押し付けられて、法制度的にも歯止めが機能していないといった説明だけに集約できるものではない。学校教職員の人員・組織的な面でのゆとり不足以外にも、教員自身がその職業的アイデンティティによって状況を主体的に下支えしている側面まで、問題の要因は多元的で複合的である。

おわりに

過労死・過労自殺を氷山の一角とする長時間の過剰労働は、必要以上に人々から自由な生活時間を奪い、思考停止に追い込むことにつながっている。「働き方改革」が叫ばれる中、特に「専門」や「高度」と名付けられる業種・職種には、その誉れある名称ややりがいと裏腹に、自主的な裁量労働制という形態でもって労働時間の格差や分断に加え、歯止めのない長時間労働へ組み込まれるといった陥穽が控えている。労働の創造性に拘りながらも、現代社会における労働時間に「使用者に支配された時間」としての特性があるのならば、誰が「高度人材」や「高度職業人」とみなされるかにかかわらず、肥大化した長時間労働から解放されることが、自由な「生」の拡充に向けた可能性の条件である。

注

(1) 百木によれば、「近代固有の労働」へのスタンスという意味では、アーレント自身がマルクスのテクストを「誤読」する形で批判したにもかかわらず、両者の認識は遠くない（百木 二〇一八）。ここに「アーレントかマルクスか」ではなく、「アーレントもマルクスも」に生産的な読みの可能性が示唆されている。

(2) 「人間は、他者性をもっているという点で、存在する一切のものと共通しており、差異性をもっているという点で、生あるものすべてと共通しているが、この他者性と差異性は、人間においては、唯一性となる。したがって、人間の多数性とは、唯一存在の逆説的な多数性である。」（H・アーレント 一九九八、二八七頁）。こう述べるアーレントにとって、政治の行為としての言論・対話のテーブルは、人間活動においてこの唯一存在としての自己が現れる場であり、社会的なものの画一化を拒否する自由の足場にほかならない。

(3) 近年、グローバル化した世界における「領域」や「帰属」等の流動的な性質やその境界づけないしカテゴリー化に伴う葛藤や対立の調停、折り合いを志向する立場から、その広範な影響等を探究する「境界研究（ボーダー・スタディーズ)」が活性化している(A・ディーナー他　二〇一五)。

(4)「給特法」制定当時の一九六六年の文部省「教員勤務状況調査」では、一週間における時間外勤務の合計が、小・中学校で平均一時間四八分と算出され、それに見合う分として月額給与の四%上乗せの「教職調整額」を設ける根拠となった。しかし、二〇一六年度実施の文部科学省「教員勤務実態調査」では、小・中学校の一週間における時間外勤務の合計は平均約二〇時間で、多くの教員が「給特法」制定当時に比べて一〇倍以上の時間外勤務に従事している日常が明らかとなった。この長時間勤務には「過労死ライン」を超過した違法なケースも少なからず含まれている。月約八時間が四%相当なら、一〇倍の八〇時間は四〇%相当の上乗せが見合う。文科省も推計でその総額約九〇〇〇億円に上る「不払い労働」によって現状が支えられていることを認めている。ところが、文科省の「働き方改革」工程表では、大幅な財政負担を回避した上での業務合理化・改善を中心的な課題としており、業務削減や人員増強、給与改善の課題はなぜか脇に追いやられている。

(5)教員の職務(態様)が「特殊」であれば、「教職調整額」以外の選択肢はないかのような論調はおかしい。なぜなら、私学教員の場合、同じく教員としての職務を担いながらも、労働基準法はそのまま適用されるためである。教員の雇用ルールをめぐる課題は、公立学校教員の身分保障を私学にまで拡張することなどであるよりも、公立学校教員の働くルールを労基法に近似させていくことにあると考える。ただし、私学でより一層進行する教職員の不安定雇用は公立学校が模倣すべき先進モデルではないし、私学における「調整手当」の導入も、公立学校と共通して再検討すべき課題の一つである。

(6)部活動の全面的な社会スポーツ化に伴う困難や課題から、当面それを学校教育の一環として維持することが続くだろう。そうであれば、少なくとも部活動関連活動を「業務」として明確に位置づけた上で、全体の負担軽減(エリア制・合同部活、部活動指導員の活用、選択的顧問制の導入などを含む)と指導内容・方法の質的向上、それに見合う特殊勤務手当（＝部活動手当）の増額や安全保険の充実が求められる。と同時に、子どもの部活動任意加入の徹底、活動時間の上限設定や休憩・休養日の確保を含めたフィジカル／メンタルヘルスの推進、抑圧的・暴力的な指導を拒否する自由の保障など、実情に応じた対策が複合的に取られる必要がある。

参考文献

出井康博『移民クライシス』角川書店、二〇一九年
今村仁司『近代の労働観』岩波書店、一九九八年
内田良「残業代ゼロ」教員の長時間労働を生む制度」二〇一八年　https://newspicks.com/news/2685129/（閲覧日二〇一九年八月三〇日）
教職員の多忙化と自己規制に関する研究委員会編『教職員の多忙化と自己規制に関する研究委員会報告書』教育文化総合研究所、二〇一六年
熊沢誠『過労死・過労自殺の現代史――働きすぎに斃れる人たち』岩波書店、二〇一八年
齋藤純一『公共性』岩波書店、二〇〇〇年
R・セネット『不安な経済／漂流する個人』大月書店、二〇〇八年
A・ディーナー・ジョシュア・ヘーガン『境界から世界を見る』岩波書店、二〇一五年
Z・バウマン『新しい貧困』青土社、二〇〇八年
百木漠『アーレントのマルクス』人文書院、二〇一八年

第6章

自己マネージメント（忖度）時代のメディアコントロール

――迫川緑

はじめに

一九九二年から二三年間、民間放送のテレビの報道現場で仕事をしてきた。いま社会で起きていることを追いかけ、人々の話を聞き、自分なりの問題意識を映像にして提示する。特にドキュメンタリーは日ごろの取材活動の集大成のようなもので、ニュースとは違う醍醐味がある。最初の企画書は出発点にすぎず、人と出会い、事象を掘り下げながら、どこにたどり着くのかわからない航海に出るような営みだ。自分が見た景色を編集し、それを視聴者に追体験してもらう。自分が見たいと思って追い続けてきたものなのだから、必ず人に伝わると信じて。

こうしたドキュメンタリーの作り手たちは、テレビ局のタイムテーブルの深夜にひっそりと生息している絶滅危惧種だ。ドキュメンタリー制作者とニュース現場の緊張関係は一九五〇年代のテレビ放送開始当初からそう変わらないと思う。時間をぜいたくに使うドキュメンタリーと物量作戦で猫の手も借りたいニュース番組の相性は昔から悪い。

それでも、報道の質を高める上で両者は車の両輪であり、社会の課題を提示するという本質的な使命は同じだった。だが近年、ニュース番組は情報番組の一形態と位置付けられ、より多くの人が見たいと思うものを提示する手法で制作されるようになってきた。おのずと放送されるものは、より多数派市民が求める情報へと集約されていく。ディレクターの評価は、視聴率やネット配信のＰＶ数（閲覧された数）で決まる時代となった。何を取り上げるか考える際に、より多くの人が関心を持ちそうな事象から選択する。そうでなければ「工夫をしていない」と見なされる。

報道の仕事とは、時に人が目を背けたくなるような事象も提示していく必要があるものだが、そうしたジャーナリズムとしての機能が、変化する社会状況の中でやせ細ってきているのではないか。本章は、テレビ報道における近年の状況変化を振り返り、結果としてメディアが政治権力と資本にコントロールされ、そのコントロールを自己の内部にまで取り込んできている現状を分析する。

1. 放送法の誕生――権力からの自由としての編集権と民間放送による娯楽性

一九五〇年に施行された放送法は、戦時中にラジオ放送が政治の道具にされたことの反省を踏まえたものとされる。次に掲げる条文は、通例そうした解釈からその意義を理解されている。

第一条　この法律は、次に掲げる原則に従つて、放送を公共の福祉に適合するように規律し、その健全な発達を図ることを目的とする。
一　放送が国民に最大限に普及されて、その効用をもたらすことを保障すること。
二　放送の不偏不党、真実及び自律を保障することによつて、放送による表現の自由を確保すること。
三　放送に携わる者の職責を明らかにすることによつて、放送が健全な民主主義の発達に資するようにすること。

第四条　放送事業者は、国内放送及び内外放送（以下「国内放送等」という。）の放送番組の編集に当たつては、次の各号の定めるところによらなければならない。
一　公安及び善良な風俗を害しないこと。
二　政治的に公平であること。

三　報道は事実をまげないですること。

四　意見が対立している問題については、できるだけ多くの角度から論点を明らかにすること。

第一条は国家に向けて、第四条は放送事業者（放送局）に向けて書かれたものと一般には考えられている。すなわち、第一条は「権力監視の役割を担ううえで国家から自由でなければならない」ということを示しており、第四条は「放送局が国民の知る権利を保障するよう、国家が規制する」という趣旨の法規定だという。ただ、本来的に、放送とは、放送局の自主自律に委ねるべきもので、強固なジャーナリズム原則がそこに貫かれているのであれば、第四条の必要はないという考え方もある。だが実際には、やらせやねつ造などの不祥事はどうしても起こる。そのたびに国家の規制によって、放送局を「まとも」に機能させてほしいという要望が市民から上がり、政権側がこれを利用するということが繰り返されてきた。

他方、放送法以後のメディア史から見ると、ここには国家権力からの自由としての放送の自主自律（編集権の独立性、権力監視のジャーナリズム）という側面だけでなく、次のような二つ目の側面があったことに留意する必要がある。放送供給の国家独占から民間放送事業者の参入による放送の多元化が実現する中で、放送自体に影響・規制を加えてきたのは権力だけではない。それと同時に、娯楽性に媒介された資本あるいは多数派市民の「世論」による影響・規制が内在していた。後述するように、近年この後者の側面が前景化する状況の変化が生じ、前者の側面が後退してきている点に一つの問題がある。

2. 多数派市民の需要を感知する技術の高度化

（1）視聴率計測の開始と視聴率重視の放送への移行

現在、視聴率はテレビ局の経営において欠かすことのできない指標となっている。そもそも視聴率の誕生は、テレビ放送開始翌年の一九五四年、NHKが実施した「簡易アンケート」とされている。GHQの民主化政策の一環で、放送法にはNHKに対し「公衆の要望を知るため、定期的に、科学的な世論調査を行い、かつ、その結果を公表しなければならない」（第八十一条の二、制定時四十四条の二）と明記された。戦前の「上から流す番組」から「民意に沿った番組」にするための調査だった。一方、翌年の一九五五年には、電通が東京都の三〇〇世帯に対し、視聴率調査を開始している。主にCMの到達度のための調査で、「世帯」を対象にしており、これが現在の視聴率システムの原型となった（松井二〇一八）。

これが一九六二年になると、電通と東芝がテレビ受像機にメータを取り付けて測定する方法を開発し、この二社と全国主要民間放送局一八社の計二〇社の出資で「ビデオ・リサーチ」が誕生し、日本における本格的な視聴率調査が始まった。この技術の普及により、対象世帯の「毎分視聴率」「番組視聴率」が自動的に計測されるようになり、視聴率を重視した番組編成へ移行し、そのための営業セールスが確立されていくことになる。

ＣＭには特定の番組に流すもの（タイム）と、番組を特定しないもの（スポット）の二種類あり、スポットの売り上げが経営に大きく影響する。テレビ局はＣＭ枠を販売する際、ＧＲＰ（延べ視聴率）を指標とする。視聴率一％の番組にＣＭ一本放送することを１ＧＲＰとカウントする。１ＧＲＰの料金はテレビ局ごとに異なる。視聴率二〇％の番組なら一本で20ＧＲＰだが、五％の番組で20ＧＲＰをカウントするには四本流さなければならない。週間のＣＭの総量は放送時間の一八％以内と日本民間放送連盟の放送基準で決めているので、売り場面積は限られている。利益を上げるにはどの時間帯でも視聴率を上げることが必須となる。

（2）個人視聴率の登場による視聴者「嗜好」への迎合

次に、一九九七年には、機械式個人視聴率の調査が始まる。それまでは世帯単位の調査にとどまっていたが、対象世帯の個人の視聴を測定するよう技術が高度化された。これにより、Ｍ１・Ｆ１（男・女二〇～三四歳）Ｍ２・Ｆ２（男・女　三五～四九歳）Ｍ３・Ｆ３（男・女　五〇歳以上）というように世代別嗜好が分析できるようになった。購買力と影響力のある世代の視聴動向がマーケティング材料として好まれる。こうしてプロ野球の巨人戦中継や、時代劇などの長寿番組が地上波から消えた。また視聴率傾向の細かな分析が進み、成功事例の研究やリモコンによるザッピング対策が制作現場にフィードバックされるようになり、視聴率分析を踏まえた番組作りがより定着することとなった。

報道局でも、この頃から視聴率の折れ線グラフにニュースの項目を書き込み、どの項目に視聴者の関心が高いのかを掲示するようになった。私がはっきりと記憶しているのは、一九九八年の和歌山毒物カレー事件だ。林真須美死刑囚が疑惑の人物として取り沙汰されていた頃、全国ニュースのトップで連日この事件を取り上げていた。視聴者は彼女が映っているチャンネルを追いかけていた。とにかくこの事件の続報を打ち続けろと、東京から指示が飛んでいた。今振り返っても異様な状況だったと思う。それまでニュースのトップ項目は、新聞の一面トップに該当するものとして、番組責任者の見識を表す場であったが、「テレビは新聞じゃない。視聴者の見たいものを見せるのだ」というようなことが盛んに言われるように変化した。ニュース項目ごとの視聴率グラフを掲示したり、項目選択の参考にすることについて、初めこそ反発の声も聞かれたが、「視聴者の嗜好を考慮する」ことを肯定的に捉える向きも多く、次第に抵抗感は薄れ、懸念する意見を耳にすることもなくなった。

3. 管理・編集権と「内部的自由」のせめぎ合い

（1）「内部的自由」の困難はどこから来るのか

一九四八年に、日本新聞協会は編集権声明を発表し、「編集内容に対する最終責任者は経営管理者およびその委託を受けた編集管理者」であると定義した。放送局もこの流れをくみ、ＮＨＫも編集権は会長にある。ただし現場に決定権がないわけではなく、一般的な会社組織と同様に、それぞれの責任者が権限を分かち持ってきた。

管理職やデスクと、実際に取材したスタッフとの間で意見が分かれることは日常的にあることで、放送の質を高めるための議論が活発であることは望ましい。とはいえ、丸く収まるものばかりでもないから、編集権を濫用されないよう、日ごろから現場の制作者の自由（＝内部的自由）について意識しておくことが重要である。国家からの自主自律だけでは解決できない困難がここにはある。

では近年、実際にどのような場面・要因で、編集権を持つ経営（およびその委託を受けた管理者）と現場の制作者が対立し、後者が重視してきた「内部的自由」が揺らいでいるのかを整理してみたい。

①政治家への配慮
②大手企業への配慮
③クレーマーの回避
④放送局の利益の優先
⑤多数派市民への迎合

まず①政治家への配慮については、放送法との兼ね合いで次のような事象が記憶に新しい。二〇一六年に監督官庁の総務大臣が、政治的な公平性に欠ける放送を繰り返した場合、「停波もありうる」という主旨の答弁をした。これは放送法第四条を根拠にした発言である。ただ、政治的公平性の確保というのはかなり主観に左右される。政権批判や権力監視は公平性の観点と切り離して考えるべきだが、放送局はこう言われると萎縮する。国家が第四条を根拠に、放送局を萎縮させる行為は、「放送による表現の自由を確保しなければならない」という、第一条に規定された国家としての責務を果たしていないことになると考える。

こうした事象の影響もあってか、放送法第一条（二）の「放送の不偏不党、真実及び自律の保障」は、戦前の反省に立ち、政権と放送局が適切な距離を取ることを念頭に置いていたものだが、放送局の方が「野党に偏向している」と見られないようにすることにより意識を向けるようになってきた。その一方で、政権側からもたらされる情報は「偏向している」という指摘や批判は受けにくいため安心して放送できる。放送局（経営側）にとって「政治的に偏向している」と見られることは、ビジネス機会の損失につながると考えるので、このあたりのバランス感覚を「間違えない」人物を人事配置する。経営側の意向は社員の評価システムによって、どのような記者、デスクが重視されるのかという形で伝達される。政権が「不偏不党をしっかり守れ」と号令をかければ、政権に批判的な放送を効率的に抑え込むことができる。

②配慮する大手企業とは、CMを出してくれるスポンサー（資本）である。一番わかりやすいのが電力会社との関係だろう。東京電力福島第一原子力発電所の事故が起きるまでは大変慎重に扱ってきた。CMや番組を通じて原子力発電の推進に民間放送局は重要な役割を果たしてきた。スポンサーからの収入で企業経営が成り立っていることは商業放送の宿命として、末端の記者も抵抗なく受容している。会社の経営にかかわる事柄であることを意識しているため、他社と比べて突出しないよう神経を尖らせる。福島の事故から年数が経過し、事故前のタブーの状態に戻ったように映る。一時的に「不祥事」を叩くことはあっても、企業の構造的な暴力性は問わないことになっている。

③クレーマーの回避は、例えば在特会（在日特権を許さない市民の会）を取材すると、抗議をしに放

送局に大挙して来られるのではないかとの不安があり、事なかれの発想から敬遠される。朝鮮学校の子どもたちがうけた威嚇行為や、在特会のデモ行進で在日の人々が罵声を浴びせられている実態について取材が及び腰になっていた。「聞くに堪えない暴言を垂れ流したくない」という意見も聞いたが、「表現の自由はあれども、人を傷つけてはならない」と毅然と対処すべきだった。一方で、会社に余計なコストをかけさせないのは企業人としては模範的な態度の表れなのかもしれない。

④放送局の利益に直結するものは、ブームアップに余念がない。（二〇二一年に延期となった）東京オリンピック・パラリンピックは国威掲揚、経済発展の源泉として歓迎ムード一色である。大阪においては万博誘致も同様で、このビジネスチャンスをいかに生かすかという観点で議論が進む中、水を差す内容を放送するのは相当にハードルが高い。これらのイベントで利益を得るグローバル企業からもたらされる広告収入、さらには映像や催事コンテンツの受注も睨む。あわせて景気浮揚ムードは視聴者のニーズにも対応しており、祭典を批判しにくい状況は、かつて戦争を肯定的に報じていた姿にも重なる。

そして、⑤市民の多数派から支持を得られるかどうかという点が、近年ますます重視されるようになっている。視聴率獲得のため、多くの人が見たい、見やすいと感じられるものを提供することが前提となっており、そうではないものは捨て置かれる。パラリンピックに向けて懸命に努力する姿は歓迎されるが、その競技者が街中にあふれるバリアや、制度的欠陥、優生思想に言及したらたちまち煙たがられる。長時間労働による過労死なら同情されるが、雇用形態による身分差別的扱いや不当な格差についての言及は好まれない。社会の構造的なあり様に目を向けることは疎まれ、個人の頑張り、あるいは責任に帰す問題として消費される。

以上のような①~⑤の場面・要因が今の放送をどのように規定しているか、あるいは規定していないのか、いずれも「内部的自由」の確保との関連から改めて議論すべきである。そうした議論を通して取材者ひとりひとりの中に放送倫理が立ち上がると考える。ジャーナリズム機能を有するメディアとしての在り方を自覚し、放送の中身を充実させることが期待されている。だが平時は時間に追われて「内部的自由」を意識することは難しい。そうであれば、過去に起きた事例から学ぶことが考えられようが、何を学んできたか。

(2) 葛藤の中から浮かび上がった放送倫理問題

過去の事例に何を学んだのかという意味で、二〇〇一年、NHK教育『ETV2001シリーズ戦争をどう裁くか』の第二回「問われる戦時性暴力」で、NHKの幹部が放送前に改編を指示した事件を取り上げたい。

NHK予算案の国会承認に向けて国会議員行脚を業務として行っていた幹部職員が、安倍晋三内閣官房副長官(当時)を含む有力政治家と面談し、この番組の内容について説明した。その幹部が編集内容を変えるよう具体的に指示したのである。「形式的な公平・公正・中立性にとらわれ、その上、安全を考え、強すぎる印象を恐れるあまり、元兵士や従軍慰安婦らの証言シーンを全面的に削除してしまった」という(BPO放送倫理検証委員会決定第五号)。現場はもちろん抵抗したが、最後は改編してでも放送したほうが、従軍慰安婦の実態を少しでも伝えることができると考え、応じた。最終の編集権限を持つ会長に近い管理職と、現場が対立した「内部的自由」の葛藤そのものを示す事例であった。

ここから放送人が学んだことは何だろうか。ＢＰＯの放送倫理検証委員会は、この一連の番組改編指示について「公共放送にとってもっとも重要な自主・自律を危うくし、ＮＨＫに期待と信頼を寄せる視聴者に重大な疑念を抱かせる行為であった」と判断したうえで、「放送倫理と業務命令との関係をどう考えるか、という問題はまだ十分には議論されていない。通例、事業体の最終的な意思決定の権限は経営者や上司に属すとされているが、果たして言論・報道・表現活動にかかわる組織において、それをそのまま当てはめることができるのか」と指摘している。

現在この指摘から一〇年が経過しているが、その後議論が十分に深まったとは思えない。この番組に関わったチーフプロデューサーとデスクは、番組制作から外された。会社側には人事権がある。放送人がこの番組から学んだことは、こうした「トラブル」に陥る恐れのあるテーマを最初から選択しないということではないかと思う。裁判やＢＰＯで主張が認められたところで、番組制作の機会を奪われるのはつらい。

また、二〇〇七年には、私の所属する関西テレビ放送で「納豆を食べたら痩せる」という虚偽情報と、それを裏付けるために内容をねつ造した番組「発掘！あるある大事典Ⅱ」が放送された。再発防止のため、外部から有識者を招いて、「内部的自由」の確保に向けて活発な議論がなされた。再発防止と言うと多重チェックという発想に陥りがちだが、制作者の放送倫理の確立があれば、虚偽やねつ造は起きないという考え方だ。放送の自主自律を念頭に置いた進歩的な再発防止策として、「内部的自由」の保障を掲げた。ちょうどＮＨＫ番組改編問題が話題になっていた時期でもあり、編集権と業務命令の関係についても踏み込んだ内容となっている。

私たちは、法令をはじめとする社会規範および倫理・行動憲章をはじめとする社内規程の求めるところを、一人ひとりの責任において、確認し、理解し、遵守します。また、いかなる場合においても、上司の指示・命令や社の経済的利益よりも、社会規範や社内規程を優先して行動します。（関西テレビ放送　倫理行動憲章　社会規範・社内規定の遵守）

この「内部的自由」をうたう倫理憲章について、これほど進歩的な内容を持つ放送局は日本には他にないかもしれない。では、それがどれほど日々の放送で生かされているかというと、これはまた別の問題となる。「内部的自由」は、報じたい内容が経営と対立するような場合にしか意識されないからである。先に上げた①〜⑤にしても、メディア企業の一員として忖度し、隷従している状態ならば、ぶつかることはないだろう。あきらかに悪質な上司の指示・命令でない限り、「内部的自由」が会社の経済的利益より大事にされるというのはおおよそ現実味がない。どんな立派な倫理憲章も使わなければ錆びついてしまう。とするならば、「内部的自由」は与えられるものではなく、これを危うくする場面・要因の由来をつきとめつつ、それを渇望する制作者たちの不断の努力と、これを支える市民（視聴者）の声（なき声）

によって、獲得してゆくしかない。

4．記者のいう「市民の側」とはどの側のことか

もうひとつ、日本の報道慣習であるリーク報道について述べたい。

主に警察・検察の幹部や政府高官に対して行われる夜討ち朝駆けは、記事になる有力な情報をもらうことを目的としている。被疑者の供述内容や捜査方針を個別に聞き出し、他社との速報性で勝ち負けを競っている。いずれ発表される内容の事柄でも、半日前に情報を仕入れることができたら、他社に先んじて書くことができる。テレビが好むのは逮捕前に被疑者を撮影しておき、逮捕後にその映像を流すことだ。事前に情報を入手していたことのアピールになる。

警察などの国家権力の要人は、大事な情報源である。情報を提供する側は、情報を与える社と与えない社の選別をしながら、記者をコントロールする。このように強く結びついた状態で記者自体が「忖度」して自己に規制をかけるとき、メディアが権力監視としての機能を果たすのは難しい。

二〇一八年、財務省の事務次官がテレビの女性記者に対するセクシャルハラスメントで辞任した。これも有力な情報を得るために、報道各社が記者を高官のもとへ送り込んでいることが問題の本質だ。会社側は、情報を与える側ともらう側の関係性を熟知したうえで、政府高官や警察官が圧倒的に男性社会であることを考慮して女性記者を配置している。首相動静で報じられる報道各社幹部と安倍総理大臣と

の頻繁な会食も異常である。幹部から末端の記者まで、権力を持つ者との距離が近すぎる。

共同通信の元記者・浅野健一氏は著書『新版　犯罪報道の犯罪』で、日本における事件報道について主に二つの問題点を指摘している。一つは、加害者への処罰は刑事裁判の量刑で完了すべきで、実名報道による社会的制裁が度を過ぎていること。もうひとつは警察などの情報提供に頼りすぎていること。推定無罪の原則がほとんど無視されている。浅野氏は「社会的弱者や管理社会の中からはみ出さざるをえなかった市民をどう社会が受け入れていくか」が重要で、「監獄、少年院、精神病院などで人権がいかに守られているかは社会全体の関心事でなければならない」と述べる。そして、匿名報道を実践するスウェーデンなどの例をあげ、報道を実名にするのか、匿名にするのかは、「警察、検察、裁判所という公権力の側に立って、事件の原因を個人の責任に解消してしまっていいのか、を問うことである。記者が権力の側に立つのか市民の側に立つのか、大論争の起きることを期待している」と結んでいる（浅野二〇〇四、五五七―五五八頁）。

おわりに

「権力者の側」か「市民の側」かと問われて「市民の側に立つ」と答えない記者はいないだろう。だが自立した「市民」が規範化される社会状況の中で、「市民」の枠はどんどん狭くなっている。社会が求めるように生きられない原因を、個人の責任に帰すという考え方も強まるばかりである。

佐藤卓己氏は、公的意見、公論を指す「輿論」（よろん）の輿の字が常用漢字から外され、世間の空気や私情を指す世論（せろん）が（よろん）と読まれ混同されるようになったことで、多数派市民によって醸成される空気「世論」に、「輿論」（公論）で抗うという足場が日本にはないと指摘する。世論調査や視聴率調査によって番組が作られることに対抗する概念そのものが消失しているというのだ。輿論（公論）には責任が伴うが、多数派の顔色を窺う世論は責任の所在がはっきりしない。多数派に意見が流れる人間の特性について、E・ノエル＝ノイマンは「沈黙の螺旋理論」で、人は孤立への恐怖から少数派と自覚するときは沈黙しがちになり、「論争的な争点に関して自分自身が孤立することなく公然と表明できる意見を『世論』」と定義づけている（ノイマン 一九九七、六八頁）。孤立を恐れるのは、メディアで発信する人間も同じだ。

「市民」とは誰のことかを問い返し、視聴率に表現されない多数派以外の「声」を聴き、権力と利益への自発的従属から距離を置いてでも伝えるべき何かを獲得する「自由」があるか。カナダ・アメリカで活動するジャーナリスト、ナオミ・クラインは「私たちが直面している危機のきわめて多くは、根底にある同じ病理——人間と地球を使い捨てできるものとして扱う、支配に基づく論理——の症状にほかならない」と述べる。「自分たちが対峙しているシステムそのものを名指しで問題にすることに及び腰な姿勢」（クライン 二〇一八、二八一頁）では、人々を搾取する資本主義の構造を変えられないと。孤立を恐れず、人種や民族、能力の多寡で人々が切り分けられている状況を変革させようとするジャーナリストや市民の連帯と発信によって、企業メディアの良心的な発信者によい連鎖反応が起きることを願うばかりである。

参考文献

浅野健一『新版　犯罪報道の犯罪』新風社、二〇〇四年
ナオミ・クライン『NOでは足りない――トランプ・ショックに対処する方法』岩波書店、二〇一八年
第一九〇回国会衆議院予算委員会（二〇一六年二月八日）
佐藤卓己『輿論と世論――日本的民意の系譜学』新潮社、二〇〇八年
西土彰一郎「制度的自由としての放送の自由」『法学セミナー』通巻第768号、日本評論社、二〇一九年
エリザベート・ノエル＝ノイマン『改訂版　沈黙の螺旋理論――世論形成過程の社会心理学』ブレーン出版、一九九七年
株式会社ビデオリサーチ沿革
放送倫理・番組向上機構BPO「放送倫理検証委員会決定第5号」、二〇〇九年
松井英光『メディアを規定する「視聴率」再考――ルール変更を巡る動向・「個人視聴率」導入時との比較』、二〇一八年
村上聖一「放送法第1条の制定過程とその後の解釈――放送の『不偏不党』を保障するのは誰か」『放送研究と調査』第66巻6月号、NHK放送文化研究所、二〇一六年
吉田功「調査研究ノート　NHK編集・発行『放送史』の歴史的視点と変遷」『放送研究と調査』第68巻5月号、NHK放送文化研究所、二〇一八年

第７章
教育機会確保法と「学ぶ主体化」される子どもたち

岡村優努

はじめに

二〇一六年一二月一二日に成立した「義務教育の段階における普通教育に相当する教育の機会の確保等に関する法律」（平成二八年法律第一〇五号。以下、引用箇所以外では確保法と略す）は、成立以前から現在に至るまでフリースクール／オルタナティブスクール界隈にとどまらず、不登校運動や研究者からも論争の的になっており、多くの批判を内に抱えたまま「見直し」[1]のときが迫っている。

そこで本章では、なぜ確保法の成立がフリースクール／オルタナティブスクールの中から求められたのかを、「多様な学び保障法を実現する会」の共同代表であり、「日本におけるフリースクールの草分け」と称される東京シューレの理事長である奥地圭子の思想から読み解く。

他方で、また確保法を昨今の社会状況の変化に伴って立ち現れてきた動きとして捉え、それと関連するフリースクール論や教育政策に潜む「学校化」の問題と、子どもを「自立」に向けて「学ぶ主体」へと統治していくことの危険性を明らかにしていく。

1. 確保法の制定意図

確保法は、二〇〇一年に結成された「NPO法人フリースクール全国ネットワーク」が中心となって「私たちの政策提言」を発表したことを皮切りに、二〇〇九年より「フリースクールからの提言」としてフリースクール／オルタナティブスクールを制度的に認める法律を求める運動を始めたことが発端となっている。

二〇一〇年には「(仮称) オルタナティブ教育法骨子案」を発表し、次いで二〇一二年に法案の目的を「子どもの学習権保障」と表現して、法案名を「子どもの多様な学びの機会を保障する法律」に変更した。この時点で「多様な学び保障法を実現する会」が発足する。

それ以降、学習会を日本各地で重ね、二〇一四年に党派を超えた議員連盟である「フリースクール等議員連盟」が作られ、二〇一五年に馳浩氏を座長として「義務教育の段階における普通教育の多様な機会の確保に関する法律案（仮称）」を提案する。

後に、馳浩氏が文科大臣に就任することで座長が丹波秀樹氏に移って「丹波座長案」が出される。この再検討された「丹波座長案」は「馳座長試案」から大きな争点であった「個別学習計画」「就学義務のみなし規定」を削除することになる。そして二〇一六年五月に確保法案が国会に上程され、二〇一六年一二月七日に成立する。これが、確保法制定までの大まかな流れである。

確保法に対しては既に多くの批判があるが、[2] 紙幅の都合上割愛し、ここではまず推進派がなぜ確保法の制定を目指したのか、その意図を押さえる。

推進派が確保法において重視した点は、法案の制定目的にもある通り、子どもの「学ぶ権利」「教育を受ける権利」のもとに、「多様な学び（の場）」を学校以外にも選択肢として用意することである。その狙いは、確保法の制定を通して学校外の「多様な学び（の場）」が公的なものであることを社会的に承認していくことで、子どもが既存の「学校」に通わずとも「学んでいる」と認められ、自己肯定感を損なったり不利益が起こることのないようにすることにあるという（奥地二〇一六、二〇一七、喜多二〇一六など）。

このような確保法制定への期待は、「多様な学び保障法を実現する会」の共同代表として確保法制定の重要なアクターを担い、「日本のフリースクールの草分け」とたびたび称される東京シューレ理事長の奥地圭子の思想に強く根差していることが、その著作からも見ることができる。

2. 確保法への背景――奥地圭子の思想

小学校教師を辞め、フリースクール「東京シューレ」を開設した頃の初期の著作を見ると、奥地氏にとって不登校状態の子どもへの偏見や差別を払拭することは喫緊の課題であったことがわかる。世間に広がる不登校（登校拒否・学校嫌い）の病理化言説を否定し、管理的で競争的な学校のあり方にこそ問題の根本があるという見方を広めることが最重要であったのだ。それと同時に、「学校絶対化の価値観を変えることが必要」（奥地 一九八九、一〇頁）だと考えていた。

そして、学校との「マイナス関係」から「ひと休みする」ための行き先として、「学校でないところに、いまの学校のとくに大きな問題である管理と競争を排した子どもたちの居場所を企画」（奥地 一九八九、一〇頁）したという。

つまり奥地氏は、子どもが学校をひと休みすることと同時に、学校でしか子どもは育たないという親や社会の「学校信仰」を突き崩すべく、学校外に子どもたちの居場所が必要であるという考えから、フリースクール「東京シューレ」を立ち上げたということがわかる。

このような奥地氏の思想は、「学校だの、東京シューレだのが用意できるプログラムは、この人生の多様さ、生きることの豊かさの中では、たいしたことではない。生命あるものの成長は、それに参加するから成長できて、参加しない子は成長できないなどというような安っぽいものではない」（奥地 一九九二、八〇頁）と言うように、教育的発想から用意した計画に収まらない子どもの成長の多様性に根差していることがわかる。

こうした不登校当事者・保護者の運動もあり、文部省が一九九二年に「登校拒否問題への対応について」を通知すると、不登校の要因が、児童生徒の性格の問題から学校問題に起因し、不登校はどの児童生徒にも起こりうると認識の転換がはかられるようになった。それにもかかわらず、「学校絶対化の価値観」の転換は今日まで奥地氏のなかで大きな課題として残ることとなったことに注意したい。

ともあれ上記を整理すれば、確保法へとつながった奥地氏の思想にあるそもそものフリースクールの必要性とは、「学校で傷ついた子どもが休む必要性」であったことがわかる。また、フリースクールは、その緊急性から発生した「ありのままを受け止める場所」であったのだ。

ところが、奥地氏が共同代表を務める「多様な学び保障法を実現する会」が作った確保法の骨子案の目的における「多様な学びの場」の発想では、「子どもが、その個性が尊重され、一人ひとりそれぞれの学習ニーズに応じて」選択できるものとしてあり、子どもの基本的人権としての学ぶ権利の保障を行うことが目的となった。

そのため、奥地氏がかつて必要に迫られて作り上げた「子どものありのままを認める居場所」としてのフリースクール／オルタナティブスクールが、確保法では子どもの権利のもと「一人ひとりの学習ニーズに応じて」選択する「多様な学びの場」として語られるように変容したのである。これが何を意味するのか、立ち止まって考えてみたい。

3.「生活の場」から「学びの場」へ矮小化されるフリースクール

先述した通り、推進派が確保法において重視した点は、法案の制定目的にもある通り、子どもの「学ぶ権利」「教育を受ける権利」のもとに、「多様な学び（の場）」を学校以外にも選択肢として用意することであった。しかし、「学校信仰」を突き崩すということは、これらの発想が、学習は学校でなければならないという精神的呪縛からの解放という意味で用いられた場合、子どもは「学ぶ存在」という前提それ自体は疑いようのないものとして議論の背面へと押しやられる。

つまり、「学校信仰を突き崩す」ことが「学校以外の学びの場も選べるべきである」という学校批判の水準にとどまり議論されることで、「子どもは学習するものである」という、いわば「学習信仰」は手つかずの前提として覆い隠され、制度化されるようになってしまうのだ。

そうして、フリースクール／オルタナティブスクールが多様な子どもを受け入れる「生活の場」から、多様な教育ニーズを受け入れる「学びの場」として語られていくことになる。子どもの生活に、前提として制度化された「学び」が組み込まれていくことで、「学び」に回収されない子どもの多様な「生」のあり方は排除され、矮小化されていく。ここに筆者は危険性を感じる。

4.「学習した」という「資格」を求めるフリースクールやオルタナティブスクール

I・イリイチ（一九七〇、一九七九）は、子どもは制度的に認可された「学校」に通うことを通して、専門的な「教育」を受けることが自らに必要であり、専門的教育者や法律によって社会的に価値づけられてはじめて「学習」していると錯覚させられていくとし、このように、専門家によって制度化された価値に判断を支配（不能化）されていく状態を「学校化」とした。

このようなイリイチの「学校化」の視点から今日の確保法を見ると、フリースクール／オルタナティブスクールを「普通教育に相当する教育」として法制度的に認可することを求めるということは、フリースクール／オルタナティブスクールに通って学んだという「資格」を求めるということと同義である。これは、フリースクール／オルタナティブスクールが、上記のような「資格」が効果を持つ学校化された産業社会の構造内に入り、その構造を強化こそすれ、問うことは難しくなることを意味する。

「多様な教育機会確保法」から確保法に至る過程で削除された「個別学習計画」は、明らかにこの「資格」をフリースクール／オルタナティブスクールに求めるものであった。そこに至っては、この「個別学習計画」を提出するか否かで「資格」を持つ者と持たざる者は分けられ、「資格」を持つものは学校化された産業社会のなかで価値づけされることを、自ら求める回路へと組み込まれてしまう。

この「個別学習計画」は、一旦は確保法に入れることを見送られたが、奥地氏が二〇一九年五月一六日に超党派フリースクール等議員連盟に向けて送った要望の中では、「学校外で実質学んでいても、親や就学義務の関係上、フリースクールと学校の二重籍問題は解決しない」とあり、「学校外の学びを希望する子どもの親に対し、たとえば馳座長試案にあったような何らかの方策（ex.〝個別学習計画〟）が取れるよう附則3に則って改定をのぞみたい」と書かれている。この事実からも、今の奥地氏自身は「個別学習計画」などを使う形で保護者が就学義務を満たす「みなし規定」をあきらめていないことがわかる。

他方、二〇一九年七月六日に開催された多様な学び保障法を実現する会の第九回総会&公開イベントでは、経済産業省より次のような提言が出された(3)。そこでは「令和の教育改革」のビジョンとして、改革に向けた三本の柱、「学びのSTEAM化」、「学びの自立化・個別最適化」、そして「新しい学習基盤づくり」が示された。そのうちの「学びの自立化・個別最適化」では、「一人ひとりがEdTech(4)の活用を通じて日々蓄積される学習ログの分析をもとに、個別学習計画を随時更新しながら、自分に最適な学び方を模索するサイクルを構築する必要がある」(二頁)と述べられている。

この「学習ログ」については、幼児期から「一人ひとりに個別最適化された教育の実現に向けて、保護者と本人が教師や専門家などの支援を受けながら『個別学習計画』を策定し、学習ログの分析結果に基づいて計画を随時更新しながら学ぶサイクルを構築すべきである」(一三頁)とある。特に「個別学習計画」は、専門的な価値をもちながら、不登校状態の児童生徒にとどまらずあらゆる子どもを学校化された教育産業(EdTech)の網に入れていくツールとして位置づけられており、今後の教育全体のあり方を視野に入れたやっかいなものだという認識が必要である。

もし「個別学習計画」で、学校外の「学び」が法制度的に認可されることになったのなら、そうした多様な「学びの場」での「学び」が、専門家(機関)たる教育委員会に「認可」されることで「学習」したと錯覚する転倒が起きる。これが上述した意味で学校化の拡張でしかないことは明らかである。よって問題は、学校化がそうして学校外にまで拡張し、現在の産業社会の専門家支配を疑わない「有用な」人材を作り出すことに効果的に作用するものとして機能する危険性にある。

客観化された「学習ログ」として子どもの「学び」が記録されていくと、この子どもは「何を学んできたか」「何ができるか」といった能力主義が前面に押し出された人材カタログができる。このグロテスクな目論見が実現されれば、子どもは学校の内外を問わず、いつでも「学び」に追い立てられる社会の中で疲弊してしまうことは想像に難くない。

5．だれでも、いつでも、どこでも「学ぶ主体」への統治

N・ローズは、近代社会の中で自分たちのパーソナリティや主体性、「人間関係」は私的な事柄ではなく、社会的慣習や共同体内の監視、法的規範、家族の義務、宗教的訓戒などによって徹底的に管理されてきたと述べる（ローズ 二〇一六）。

そして、政治的権力の「現代的な型」として機能している「心的なもの」を扱った精神医学などの学問諸領域と専門知が、自由主義や民主主義と矛盾しない形で「統治可能な諸主体」を構成する鍵となったことを示している。そして、近年ますます「感情」や「欲望」など個々人の内面をも含めた「生」の全体が管理権力・専門家・企業によって「統治」される危険性を指摘している。

あらゆる政治的特色を持った政府や政党が、政策を立案し、組織を立ち上げ、官僚制を確立し、そし

て市民の精神的な能力や性質に働きかけることによって、市民のふるまいを統治するための主導権を推進してきたという(ローズ 二〇一六、四二頁)。

そもそも、自由主義的民主主義体制において市民は、自らを律する主体として扱われる。この主体化によって行政機関や産業的機関が、個人各々の力を最大化し、彼らの問題を最小化し、最も有効な方法で組織化するように、男性と女性と子どもたちの主体的な生活に働きかけることを可能にしたと分析される。何より、このような統治を一生のうちでもっとも徹底的に受けるのが子ども時代であるという。

このようなローズの「心的なもの」の統治論を踏まえて確保法を見ると、保護者や子どもは「多様な学び」を選択する「自らを律する」主体として主体化されることはもちろん、現代において子どもは「学ぶ主体」として統治されていく(されている)と見ることができる。そして、そこには管理権力・専門家・企業からの「距離を置いた働きかけ」がある。

日本の教育政策でも、このような「自ら学び続ける主体」や「自立した主体」像が求められる背景には、低成長時代の財政負担の回避が隠れている。国内の非正規雇用が三七%を超える[5]不安定雇用の社会において、「学ぶ主体」「自立した主体」が求められるのは、裏を返せば不安定な経済状態にあることを「自立に向けて行動していないからだ」「学び続けていないからだ」という自己責任に押し付ける上で都合がよいのだ。

確保法の成立背景には、教育再生実行会議による子どもの「個々の能力に応じた」教育制度への再編構想があることはこれまでにも指摘されているが[6]、子どもの生活において制度化された「学び」が前提とされることは、上記のような政治的な統治性が「学び」を通して子どもに浸透することを見えなくさせる点で危ない。

こうした点は、教育再生実行会議の第十一次提言（二〇一九年五月一七日）においても色濃く出ており、society 5.0と言われる超情報化社会の技術革新のなかで、ICTやビッグデータを用いた「遠隔教育」を行っていくことが目指されようとしている。この提言では、「学習状況（スタディ・ログ）の活用等による一人一人の能力や適性に応じて『公正に個別最適化された学び』や、場所や時間に制約されず、『だれでも』『いつでも』『どこでも』主体的に学び続けることができる環境の実現に、遠隔教育、デジタル教材などに関する技術革新が貢献できる要素は、決して小さくありません」（三頁）と述べられている。学校でも学校外でも高等教育機関・民間企業などと連携しながら、子どもたちは、「だれでも」「いつでも」「どこでも」学びに対して主体的に、その統治様式に自ら組み込まれることがあからさまに想定されている。

今日、確保法によって「学び」の制度化は既存の学校からも抜け出し、子どもの生活全てを「学び」として捉える可能性を持った。しかしそれは見方を変えれば、子どもの生活全体を近代教育による統治に囲い込むことに他ならない。子どもの生活は、専門家によって設定された産業的価値を獲得する「資格」たる「学び」なしには考えられなくなるのだ。

6．小括――教育ビジネスと「学ぶ主体化」という統治性が手を組むマッチポンプ構造

確保法の推進派は、「多様な学び」が選べるようになることで「学校信仰」を突き崩し、「学校に行っていない」というだけで不登校状態の子どもたちが差別や偏見にさらされて追いつめられることがなくなることを目指した。しかし、その偏見や差別を克服するべく打ち出した論理の具体化は、「子どもは学校外でも学んでいる」ということを証明する「資格」としての「個別学習計画」だった。

繰り返しになるがこれは、不登校が差別されている原因を「子どもは学校に行かないと勉強していない、学んでいない」という学校的な偏見にあるとして、それを克服するには「子どもは学校外においても多様な形で学んでいる」ということが法的にも世間的にも「資格」を通して認められる必要があるという主張に根ざしていた。しかし、それ自体が学校化された考えをもって問題を克服しようという本末転倒な「解決策」だった。

奥地氏（一九九二）はかつて、一九六〇年代から始まった高度経済成長が高学歴社会を生み出し、産業界の〝人的資源〟となるべく教育政策が打ち出されたことで、学習負担が増え、学習効率を高めるために一斉化・画一化がはかられたという背景を分析した。そうした分析を踏まえて、競争的な環境が家庭の〝学校化〟（ここでは「学校絶対化」・「学校信仰」という意味）を進行させていったと述べていた。だから、そうした〝人的資源〟論を背景とした競争や管理によって荒廃した学校に追いつめられた子どもの居場所として、極力それらを排した東京シューレを作ったはずであった。

しかしながら、本章は、それが今子どもを主体的に「学び」を選択する自律した存在であると「学ぶ主体化」し、個の能力を最大化する産業主義的な統治性に自ら従属する事態に帰結することを明らかにした。

先述したEdTechのような学校内外に浸透する教育ビジネスがオンライン授業などの「遠隔教育」を比較的安価に提供し、それが子どもを「学ぶ主体化」する統治とセットで展開されることで、国内の一三万人の不登校状態の児童生徒を含む子ども全体が格好の「顧客」になる時代が到来している。(7) 生活丸ごとを「学び」を中心に管理する教育ビジネスと「学ぶ主体化」への統治によって、学校はむしろ学習負担が高まり排除性を強めるが、そこから離脱した子どもへの「解決策」には、より包括的に「学び」が追いかけてくるという恐ろしいマッチポンプ構造が、社会全体に広がりつつある。

おわりに――子どもを「学ぶ主体」へと歩ませる者たち

今日、子どもたちは、「自立」に向けて「学び」に追い回され、追い立てられている。そうした問題を「見える」ようにするためには、フリースクール／オルタナティブスクールを論ずる場合にも、その批判性が学校に「学び」が独占されているという「学校批判」の水準にとどまるものであってはならない。本章が述べてきたように、その批判は「学ぶ主体化」への統治のあり方を問う水準において展開される必要がある。そして、貧困や不登校といった社会問題の解決を教育や学習支援、自助努力に押し付ける統治性とは何か、それが覆い隠す矛盾をこそ問う必要がある。
子どもを「学ぶ主体」へと歩ませ、子どもが多様なあり方で自由に生きる領域を奪っているのは、わたしたち自身ではないか。

注

（1）確保法の附則の3（検討）にて「この法律の施行後三年以内にこの法律の施行の状況について検討を加え、その結果に基づき、教育機会の確保等の在り方の見直しを含め、必要な措置を講ずるものとする。」とあり、本章執筆時点（二〇一九年八月）ではこれをまもなく迎える。
（2）岡村優努「教育機会確保法をめぐる議論」『はらっぱ』二〇一九年六月号、子ども情報研究センター、三八―四一頁、にて簡単にではあるが推進派と反対派の意見をまとめている。
（3）経済産業省「『未来の教室』ビジョン『未来の教室』とEdTech研究会第2次提言」二〇一九年七月六日　多様な学び保障法を実現する会の第九回総会&公開イベント配布資料。
（4）教育（Education）とテクノロジー（Technology）を組み合わせた造語であり、教育に対してＩＣＴなどを通じてビジネスやサービスが市場参加することの総称である。
（5）総務省「労働力調査（基本集計）平成三〇年（二〇一八年）平均（平均）結果」総務省統計局、二〇一九年。
（6）池田賢市「一人ひとりの能力を伸ばす教育は社会に何をもたらすか――グローバル化する世界の教育状況と日本の『学習機会の多様化』をめぐって」社会と教育の多様性を考える学習会レジュメ、二〇一六年。

谷口聡「教育の多様性と機会均等の政策論的検討――教育機会確保法案の分析を通じて」『教育制度学研究』(23) 二〇一六年、二一―一九頁

(7) ちなみに不登校の原因の一つには家庭の経済的貧困が存在することは確保法の制定に向けた文科省の「不登校に関する調査研究協力者会議」(二〇一六年)でも指摘されている。しかし、これもまた低成長時代の家庭の経済的貧困を、教育を通した個々の「自立」によって乗り越えるという自己責任論を強化することにつながる。

参考文献

Ｉ・イリイチ『脱学校の社会』東洋・小沢周三訳、東京創元社、二〇〇三年。原著 I.Illich "Deschooling Society", Harper&Low, 1970

――「学校をなくせばどうなるか」松崎巌訳、Ｉ・イリイチ他『脱学校化の可能性』東京創元社、一九七九年

奥地圭子『登校拒否は病気じゃない』教育資料出版会、一九八九年

――『学校は必要か――子どもの育つ場を求めて』日本放送出版協会、一九九二年

――「日本のフリースクールの今」、教育と医学の会編『教育と医学』二〇一六年七月号 No.757、慶應義塾大学出版、二二―二九頁

――「教育機会確保法はどのように誕生したか」フリースクール全国ネットワーク・多様な学び保障法を実現する会編『教育機会確保法の誕生――子どもが安心して学び育つ』東京シューレ出版、二〇一七年、一二―五八頁

喜多明人「子どもの学ぶ権利の行使と多様な学び保障」『教育』二〇一六年四月号、かもがわ出版、六九―七五頁

教育再生実行会議「技術の進展に応じた教育の革新、新時代に対応した高等学校改革について(第十一次提言)」令和元

年（二〇一九年）五月一七日
不登校に関する調査研究協力者会議「不登校児童生徒への支援に関する最終報告――一人一人の多様な課題に対応した切れ目のない組織的な支援の推進」文部科学省、二〇一六年
N・ローズ『魂を統治する――私的な自己の形成』堀内進之介・神代健彦訳、以文社、二〇一六年

第8章
高校家庭科における自立的生活主体と共生社会

濱口一郎

はじめに

今日、公教育の目的として自立を目指さないものはない。自立的生活主体によって構成される共生社会が前提とされているからだ。一方、私たちは日常の中で様々な生活問題に見舞われる。高校家庭科は生活とその問題を対象として、自立的生活主体の育成と共生社会の実現に重きを置いている教科だ。国が示す今後の方向が、私たちにどういう影響や問題があるのかを具体的に検討してみたい。

二〇一八年に『高等学校学習指導要領　家庭編』が告示されたが、それに沿った教科書検定はまだ行われていない。そこで、本稿ではより具体的に指導内容が示されている、同じく二〇一八年に告示された『高等学校学習指導要領解説　家庭編』（以下、『解説』）を足がかりに見ていく。第一部で見たように、「自立」や「主体」を通して統治する社会という視点で見ると、家庭科教育はどういうものとして映るのか、その限界と可能性を考えることにつなげたい。『解説』では、平成二七年度公立高等学校における教育課程の編成・実施状況調査において普通科等においては八〇％以上、全学科を通しても七五％を超える公立高校生が履修する「家庭基礎」に絞る。また、『解説』の引用については煩雑さを避けるため、引用後に頁数のみの形で示す。

1．家庭科教育の目標とは何か

（1）家庭科教育の目標とジェンダー的視点の不在

家庭基礎の目標から以下の三点を確認しておく。まず、家庭基礎全体を貫く視点について。「家庭科は、人の誕生から、乳幼児期、青年期、壮年期、高齢期までの生活の営みを見通し、生涯にわたって、生活の主体として自立し、かつ人と協働して共に生きる力を身に付けることを目指している」（二〇頁）とされる。生涯にわたってという視点と、生活主体は自立かつ共生することを目指すという視点が基盤になっている。

次に性別について。「男女が相互に協力し、共に支え合う家族や社会の一員として、主体的に家庭や地域の生活を創造する資質・能力を育成することを意味している」（二一頁）とある。家庭科は女子のみ必修の時代を経て男女共修となった経緯がある。また、女性差別撤廃条約の批准が大きな役割を果たしたこともあり、男女が共に生活について同じ内容を学ぶことを打ち出すのには、性別役割分業批判への歴史的な意義があったし、現在でもその重要性には変わりはない。

しかし、家庭は男女で作るもののみという考えと結びつけば、セクシュアル・マイノリティがその視野から排除されていると言っても過言ではないだろう。世界的な同性婚の制度化や、ＬＧＢＴやＳＯＧＩなどの語が一般にも膾炙するようになったことを考えて、今後は家庭や家族の多様性を踏まえた記述を期待したい。

（2）生活主体にとっての問題解決の範囲

最後に、生活主体と社会との関わりについて。「年齢や障害の有無に関わらず、様々な人々と協働し、主体的に地域社会と関わりながら家庭や地域のよりよい生活を工夫し創造するために、家庭や地域の生活の中で生じる課題を生活活動や生活資源と関わらせながら、主体的に解決する力が必要であることを示している」（二一―二二頁）とある。生活には社会的条件が大きく影響するという認識はのちに示されてはいるが、生活主体が問題解決のために関わる範囲が家庭や地域でとどまっている。何か問題があっても身近な範囲で自分で解決しようとするだけでは、社会的な背景を所与のものとして受け入れ、批判的思考や行動に蓋をすることになりかねない。

2. 目指される生活主体像とは

(1) 生涯発達を通した個人の自立像

生活主体の形成が具体的にはどのようなものなのかを見ていこう。ここでは、発達や自立、主体性など個人の持つ能力的なものに主な焦点を当てていく。

まずは発達について。「生涯発達の視点に立って、乳児期から高齢期までのライフステージの特徴と課題を見通し、その課題を他者と関わりながら達成しつつ、生まれてから死ぬまで発達し続けていくという考え方を理解できるようにする」(二三頁)とある。ここで指摘しておかなければいけないのは、何より発達の重視である。生まれてから死ぬまで発達し続けるという生涯発達の視点が設定されている。一般的には聞こえはいいが、発達を目指す「教育」から離れる自由はどこにもない。本人が望む場合もあろうが、そうしなければ生活を営む上で不利になるのであれば、それは社会的に強制されたものでしかない。

また、保育のところでは発達についてこう述べられている。「子供の発達には、個人差はあるが、一定の方向性や順序性があることを理解できるようにする」(二七頁)。ここでもやはり発達が重視されており、個人の違いが「発達の差」に一元化され、その長短により序列化される。

次に自立について。自立の全体的な内容を知るものとして次のような記述がある。「個人として、年齢、障害等の有無に関わらず、主体的に自身の人生を最後まで自分でつくりながら自分らしく生きるということについての自立的な生活」（三〇頁）。個人、主体的、自身、自分らしく、自立的、といったように、個としての自分に焦点を当て、自分がどんな属性であろうと自立して生きていくことが目指される。これは自分を燃料に自分を走らせるような自立であり、そのような自立以外の生き方は提示されることがない。人が生きる基盤として原理的に共同性が先行するという視点は一切ない。

高齢期の生活のところで次のような自立に関する記述がある。「自己の尊厳について触れ、自立した生活ができなくなっても、人間として尊ばれることや、それを支えるために、自立生活の支援や介護が必要であることが理解できるようにする」（二九頁）。「自立生活ができなくても尊ばれる」というのは、生涯発達の視点からは外れる。最後まで自立生活を目指すことに価値を置いているのならば、自立の位置が一貫していないように思える。また、高齢期以外で、自立した生活ができない人は人間として尊ばれないのだろうか。引用の後半では、尊厳を支えるために、自立生活の支援や介護が必要と言っている。これは、自立の条件を緩和してでも人々を自立に向けて（過剰に）包摂するために自立の条件を緩和する発想でしかない。

衣食住の生活についての知識や技能を習得の上、自分や家族の問題を解決する態度として主体的であることも、生活主体として求められている。目標においても、家庭や地域での問題において主体的であることが要請されていた。主体的であることには、自立と同様に、個人の持つべき資質として重点が置かれている。一般的には、自らが意思や行動の起点となることを指す言葉であるが、ここでは問題を自分で解決するという際に使われているのが特徴である。

(2) 戦後教育政策における「主体性」形成の展開と生活問題の個人化

「主体性」や「主体的」であることを求める意味については、歴史的な経緯を見るとわかりやすい。桜井は、戦後教育政策の中で主体性概念がどのように使用されているのかを次のように分析している。「教育政策において、『主体性の育成』が主張され続けていることが分かった。しかし、詳しく見ると『主体性』の意味する文脈は異なっている。国家社会への奉仕→工業化適応の精神的能力→自己責任の原則と『主体性』はバージョンアップされてきている。さらに、(中略) 主体的に生きよというスローガンが、個人の自由な選択に委ねた上で結果は自己責任という、一見ソフトに感じられるが徹底して人と人との関係を切ってゆく価値観が広がる仕組みへと変容したことを示している」(桜井 二〇〇五、二二四—二二五頁)。

現在では行きすぎた自己責任への批判はあるものの、自分や家族の生活問題の解決に取り組む態度としてその「主体性」育成が主張されている。自分のことは自分で行い、責任も自分で取るというシンプルな自己責任のレトリックではない。社会の影響を大きく受ける生活問題という認識を踏まえてもなお、その解決に家庭や地域の中で個人が主体的にあたることを要請している。社会の責任をあいまいにしてその解決コストを生活主体に負わせるのだ。社会的に解決する問題をより巧妙に自己責任の原則で覆い隠している。

例えば、住生活においては、ライフスタイルと住まいの関係を理解するのに、「様々な住まい方や住宅政策などの具体例を取り上げ」(三七頁) ることになっている。それを受けて、家計管理についてはこういう記述がある。「住宅ローンに関する費用と関連付けるなどの工夫も考えられる」（三九頁）。公的賃貸住宅の利用や、その拡充への社会の取り組みや国の責任への言及は全くない。逆に、住生活における個人の負債が前提になって指導される。今ある金融サービスを所与として、うまく対処することのみが指導されるのだ。そして、その裏面には自己責任が貼り付いている。

また、リスクを踏まえた家計管理について、「教育資金、住宅取得、老後の備えの他にも、事故や病気、失業などリスクへの対応が必要であることを取り上げ、預貯金、民間保険、株式、債券、投資信託等の基本的な金融商品の特徴（メリット、デメリット）、資産形成の視点にも触れるようにする」（三九頁）とあり、従来社会保険や社会福祉の充実を目指してきた流れには一切触れずに、自らの金融商品による資産形成でリスク対応を行うことが指導される。

これだけではない。生涯を見通した生活においては、社会保障制度にも関連づけて「事故や病気、失業、災害などの不可避的なリスクや、年金生活へのリスクに備えた経済的準備としての資金計画を具体的な事例を通して考察できるようにする」（三九頁）とあり、実は年金生活自体が一つのリスクとして捉えられている。金融庁審議会発表の年金だけでは二〇〇〇万円不足というショッキングなニュースが二〇一九年の夏前に取りざたされたが、年金だけでは生活資金として不足するというリスクはすでに想定されているのである。このように個人によるリスク管理のみを要請することは「社会的なことは個人的なこと」だとすることに他ならない。

生活問題にどの範囲で取り組むか。「生活設計の実現には、様々な社会的条件が大きく影響することにも触れ、生活設計を通して社会の動きを見つめ、広い視野をもって生活を創造していくことや不測の事態にも柔軟に対応する必要性を認識できるようにする」（二四頁）という記述も、ここまでに指摘したことを踏まえれば、個人の生活によって危険なものと考えなければいけない。広い視野をもって生活を創造するなかには社会や国家の責任を問うことは含まれていない。不測の事態に柔軟に対応するには家庭や地域社会で止まっているのはふさわしくない。「社会的なことは社会的なこと」なのだ。

（3）学習指導要領・家庭科の中の「自立」と「主体性」とそのねじれ

自立や主体性が自己責任と安易に結びつくさまが見えるが、家庭科におけるその採用の歴史を振り返っておきたい。学習指導要領において家庭科が自立や主体性をどのように取りあげてきたかについては、井上・瀧が一九四九年から二〇〇九年までの学習指導要領を対象に分析整理している。それによれば、初めて自立が出てきたのは、一九四九年である。それは子どもの養育に関わるもので、「着衣の自立」「習慣の自立」というものである。次に出てくるのは一九九九年で、「高齢者の自立生活を支える」「青年期の課題である自立（家庭総合のみ）」である。二〇〇九年においては、青年期や高齢者だけではなく、消費者についても自立が使われている。また、青年期については、自己の意思決定と自己責任が重視されている。主体性については、一九八九年に「主体的、実践的態度を育てる」という文言が目標において出てくる。その後、一九九九年には六ヶ所、二〇〇九年には二四ヶ所で使用されていると、その増加を指摘している（井上・瀧 二〇一八、二四五―二四六頁）。

自立の初出は早いが、自立生活や主体性など近代的な個人のバリエーションについては最近言い出されたことだというのが全体としてわかる。主体性は先ほどの桜井の分析に見たように、戦後一貫して教育政策に見えるにも拘わらずである。

では、一九四九年から一九九九年まで家庭科に自立という語がなかったのはなぜか。その背景となる政治的な動きについて横山が整理している。そこでは、戦後まもなくの男女がともに民主的家庭を築こうとする機運が、一九六〇年の女子のみ必修へとつながる経緯、すなわち、女子「特性」論が多くの教育関係者団体によって担われたことが述べられている。一九八一年に発効した女子に対するあらゆる形態の差別の撤廃に関する条約の批准に向けて、男女共学が取りざたされても、文部省が教育的配慮として受け入れようとしなかっただけではなく、教育関係者や保護者の団体も女子のみ必修の存続を表明した。結局、同条約批准のために文部省は折れたが、共学に向けての検討会議の報告書において、基本的考え方として女子教育や母性教育の上で女子「特性」論は大きな役割を果たしてきたのだから今後も十分留意すべきと入れざるを得なかったことが指摘されている（横山 一九九六、二九六―三〇六頁）。

一九八九年の学習指導要領で女子のみ必修は廃止になったが、同時にそれまでなかった主体性や自立という語が家庭科でようやく取り上げられていくことになる。それは、ようやくさした「近代的な光」なのである。家庭科教育の先達が自立教育にどれだけ力を入れたかを知る資料は多く残っている。家庭科教育が、自立の対象ではない女子だけのものであった時代は終わり、自立と主体性を強烈に意識するように変化した。しかし、ここに家庭科における自立の是非のねじれが生じる。

（4）自立の延命と責任主体の強調を疑う

井上・瀧は、熊谷晋一郎の言う「自立を目指すなら、むしろ依存先を増やさないといけない」を紹介する一方で、牧園による自立が多義的であることから自立の強調がともすれば「自立の強制」になりうる（牧園 二〇〇九、二三四頁）との指摘も合わせて紹介し、依存と対立しない自立概念の提示や、多義的な自立概念の中には否定されないものがあることを示唆している（井上・瀧 二〇一八、二四四頁）。つまり、行きすぎた自立ではなく、依存を取り込んだソフトな自立の可能性を探ろうとしている。これは、先ほど指摘したねじれにとって一つの展望である。しかし、そもそも自立を達成課題にすること自体を疑うべきだという立場からは、その批判は不徹底である。ソフトであれ、依存とセットであれ、自立を目指すところに人々が安心して生きる場はない。自立に人々を過剰包摂する以上、自立に対する人々の発達度合いによる能力主義的な序列は排除しきれない。

さて、法的主体としての個人のありようについての記述をいくつか抜粋してみよう。「消費者の権利と責任は表裏一体であり、権利の行使には責任の遂行が伴うことなどについて理解できるようにする」（四〇頁）。「適切な意思決定による消費行動によって意見を表明することなどが消費者の責任であり、権利を行使することにつながることを理解できるようにする」（四〇頁）。これらから分かるように、権利に重石がついている。それは責任の遂行である。そしてその責任遂行は消費行動による意見の表明という間接的なものであり、かつ、権利行使に先行するものとされている。また、「売買契約の他にも雇用契約、消費者貸借契約、賃貸契約等について扱いながら、義務と権利について考えることができるようにすること」（四一頁）についても、権利侵害が起きがちな生活にとって重要な契約を多くあげながら、まず義務を記述するところも権利を劣後として扱っているのが明らかである。

3．生活主体にとっての共生社会とは

（1）『解説』の共生社会像と「ケアの社会化」という課題

これまで『解説』で、生活主体がどのようなものとして描かれているかを見てきたが、ここではその生活主体が暮らす社会のありようについての記述を見ていく。主に共生や法制度を取り上げる。

共生社会と福祉がどのようなものかについては、「家族や学校、地域の人の支え合いなどの身近な環境、また国や自治体などの制度や行政サービスなどの制度としての支援体制という支え合いの構造」（三〇頁）としている。また、生活主体がそれらにどう関わるかについては、「共に支え合う社会を実現するために、個人や地域社会がどのような役割を果たし、つながっていけばよいかについて考えることができるようにする」（三〇―三一頁）とあり、身近な環境と制度とに分けて、支え合いの構造説明があり、個人や地域社会の役割とつながりを考えさせる記述になっている。ここでも、共生社会の役割やつながりの視野は地域社会までにとどめ置かれているのが分かる。国の制度はほとんど出てこず、身近な環境での支え合いとなっている。

高齢者の生活を支える福祉についてはどうだろうか。「特に高齢者が自立的な生活を営むためには、介護予防の視点が重要であり、家族や地域及び社会の果たす役割を具体的に考えることができるようにする。その際、自助、共助及び公助の考え方をはじめ、互助に対する考え方にも触れ、家族・地域・社会とそれぞれの役割について具体的な事例を通して考察できるようにする」（二九頁）とある。特に後半に注意するべきであろう。互助にもわざわざ触れるようにとあり、先ほどの身近な支え合いが重視されていることがわかる。また、家族の役割について述べている。介護保険法が導入されたのは「介護の社会化」を目指したものだったが、二〇年以上経った今でも家族がまず第一に挙げられている。

子育て支援については、「子育てを支援する制度や地域にある子育て支援施設、ネットワークなど具体的な事例を取り上げ、社会全体で子育てを支援していくことの重要性を理解できるようにする」（二七頁）とある。一見社会的な支援が多いように見えるが、よく見ると、子育てをするのは社会ではなく、親であり、それを支援するというスタンスになっている。ちなみに、二〇一六年の「保育園落ちた、日本死ね」で大きく話題となった待機児童については、自治体の統計手法によって数字として現れない潜在的待機児童の存在や保育士の低い待遇が子育て支援存立の危機を招いていることには一切触れていない。子どもの福祉については、「児童憲章、児童福祉法、児童の権利に関する条約などに示された児童福祉の理念についても触れる」（二七頁）とあるだけだ。

その他の具体的な制度については、クーリングオフや通信販売など商取引が取り上げられるが、生活を支える福祉機関の利用については具体的に出てこない。これは、高校生が当事者となりうる虐待などの児童福祉の分野についても同様で、子育てや介護の知識や技能は問われても、今現在の生活問題については抜けているのである。家庭基礎を受ける生徒はすべて障害を持っていないのであろうか、生活困窮はないのであろうか。「乳幼児や高齢者など年齢の異なる人や障害のある人など、様々な人々の生活を理解し、共に協力し合う」（二一頁）という文言の中では、共生社会を学習する生徒は中流家庭にいて健常者であることが想定されている。それは最も共生から遠い共生の描き方である。

（２）生活環境を考える視点とグローバルな視野

最後に、生活と環境を考える視点について、「これまでに築き上げられてきた家庭や地域においてものを大切にする生活観、例えば『もったいない』という伝統的な価値観や、『地球規模で考え、地域で行動する』（Think globally, Act locally）の意味を認識させ、環境保全のためには、消費者一人一人の生活意識やライフスタイルを見つめ、見直すことも必要であることに気付くことができるようにする」（四一頁）と述べられている。しかし、地球温暖化や気候変動への対処を政府や国際機関に迫るスウェーデン人のグレタ・トゥーンベリの活動や、それをきっかけとする「Friday For Future」というグローバルなデモが世界的に注目される中、自分の生活から無駄をなくしたり、地域の中での行動だけでは、経済や環境のルールを作る国家やそれらを利用して生産を握る大資本の行動は変化しない。これでは、自分の生活に直結している経済や環境であるのに、そこへの視野は開かれにくい。

おわりに

家庭科は生活主体の形成を担う教科である。高校生の多くが学ぶ家庭基礎の中で生活主体がどのような個人なのか、その個人が生きる社会がどのようなものなのかを『解説』を足がかりに見てきた。そこでは、自己責任をもとにした主体性の発揮を求められ、自立へと追い立てられる個人が描かれていた。また、社会や国家の責任を極端に矮小化し、身近な関係での支え合いや、そこでの役割遂行を前面に打ち出した共生社会を目指すことになっている。しかし、仁平が言うように、自立するようにアクティベートされる個人の生きようは、社会権を賭け金にした確率的なゲームでしかない（仁平 二〇一五、一九一頁）。また、「高水準の再分配こそがアクティベーションの成功の前提であり逆ではない」（仁平 二〇一五、一九〇頁）。「社会的なことは社会的なこと」とする視点を捨ててはならない。

桜井も言う。「多様でゆるやかな人間関係のあるところにこそ、人とともに生き合おうとする『主体性』が生まれよう」（桜井 二〇〇五、二三三頁）。決してその逆ではないのだ。主体性のある人たちが共生社会を作るのではない。ともに穏やかに生きていける社会にこそ、これまで『解説』で見てきたような主体性とは違う、関係性に基づく主体性が出てくるのだ。

そのような共同性の中の主体性や、自立に追い立てられない再分配に親和的な教育とはどのようなものなのか。それは、共同性を基盤とする福祉の追求主体として、具体的にどう社会批判の声を上げるのか、どう連帯するのか、どう制度を利用するのか、それらの課題に答えるものである。今後は、依存、福祉、あるいは再分配の在り方を問いながら、その新たな基盤に立った福祉教育を探りたい。

参考文献

井上えり子・瀧志のぶ「高校家庭科における自立概念の検討」『京都教育大学教育実践研究紀要第18号』、二〇一八年
桜井智恵子「『自己責任』が招く疎外――教育政策の現実」『市民社会の家庭教育』信山社出版、二〇〇五年
桜井智恵子「『それ自体で価値がある、という度をすぎたこと』――フレーザーとホネットの承認論から能力を考える」『年報　教育の境界12号』教育の境界研究会、二〇一五年
仁平典宏「〈教育〉化する社会保障と社会的排除」『教育社会学研究第96集』、二〇一五年
牧園清子「福祉政策における『自立』概念の研究」『松山大学論集第21巻第1号』、二〇〇九年
文部科学省『高等学校学習指導要領解説　家庭編』http://www.mext.go.jp/a_menu/shotou/new-cs/1384661.htm（最終確認二〇一九年八月一二日）、二〇一八年
横山文野「家庭科教育政策の変遷――教育課程における女性観の視角から」『本郷法政紀要5』、一九九六年

第9章

「力をつけて、のりこえる」論の止揚は可能か

田口康明

はじめに

いまから思えば、第一次安倍内閣は、教育基本法改正という置き土産を残して現代史の中に埋もれつつある。当事者たちも思い出したくない「悪夢」であろう。その後「悪夢のような」民主党政権を生み出した。

二〇〇六年末の教育基本法の改正は、「愛国心条項」や「親の第一義的責任」「教育行政の計画化」などを争点としつつ、教育学の世界においても対立的な論争を生じさせた。しかし、義務教育の目的を条文の中に盛り込ませる同法第五条については、さほど大きな関心が払われなかったことは事実であろう。

第五条第二項は以下のようにいう。

義務教育として行われる普通教育は、各個人の有する能力を伸ばしつつ社会において自立的に生きる基礎を培い、また、国家及び社会の形成者として必要とされる基本的な資質を養うことを目的として行われるものとする。

義務教育の目的は、各人の能力を伸ばして、自立的に生き、国家と社会の形成者になる、というものである。ここには、本書のテーマである「能力」と「自立」というキーワードが潜んでいたのである。

また、教育の目標という新設された第二条においてもまた、「目標」の第二号として、「個人の価値を尊重して、その能力を伸ばし、創造性を培い、自主及び自律の精神を養うとともに、職業及び生活との関連を重視し、勤労を重んずる態度を養うこと。」と規定され、教育そのものの目標が、「能力の伸張」であることが明記された。

さらには、教育の目的を定めた第一条においても、「教育は、人格の完成を目指し、平和で民主的な国家及び社会の形成者として必要な資質を備えた心身ともに健康な国民の育成を期して行われなければならない。」とされ、「人格の完成」が目的であることを残しつつも、「資質」という今日、私たちを当惑させる言葉も盛り込まれていた。

旧法においても「能力」は二回出てくる。第三条の「教育の機会均等」において、能力に応じた教育を実現する教育を行うために、教育上の差別の禁止と奨学の措置に関した使われ方である。「能力はあるんだけど、教育が受けられない」事態についてどうするかを定めたものであり、改正された教育基本法のように「能力を伸ばす」といった用い方ではない。「能力」を現状認識の要件の一つとしてとらえるのではなく、「能力」を目的志向的な「伸張させるべきもの」として再定義したのである。「能力」を伸ばし、「資質」を身につけ、「自立」させるのである。

　これが暴走を始める。翌二〇〇七年には学校教育法が改正され、第三十条第二項が追加される。そこでは小・中学校の教育目標に「生涯にわたり学習する基盤が培われるよう、基礎的な知識及び技能を習得させるとともに、これらを活用して課題を解決するために必要な思考力、判断力、表現力その他の能力をはぐくみ、主体的に学習に取り組む態度を養うことに、特に意を用いなければならない。」ことが追加された。法律上も能力を軸に学校教育の志向を明らかにしていった。

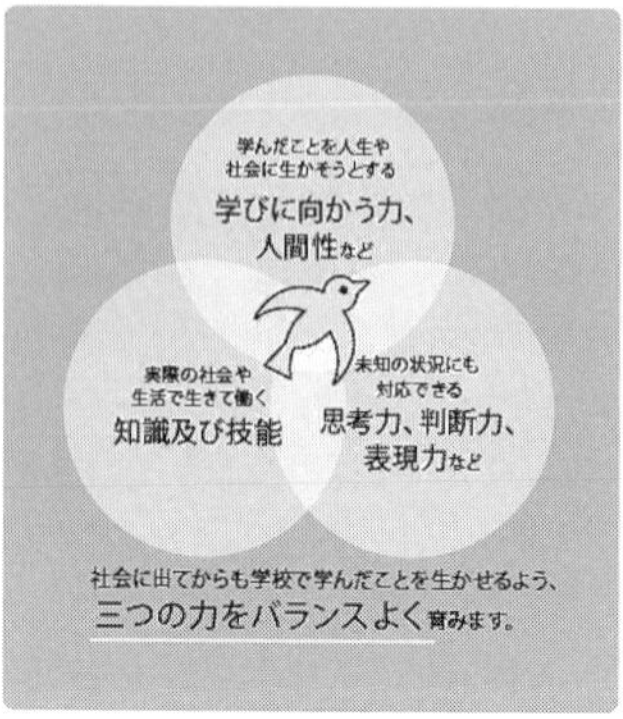

学んだことを人生や
社会に生かそうとする
学びに向かう力、
人間性など
実際の社会や
生活で生きて働く
知識及び技能
未知の状況にも
対応できる
思考力、判断力、
表現力など
社会に出てからも学校で学んだことを生かせるよう、
三つの力をバランスよく育みます。

　この学校教育法第三十条第二項は、いまでは三つに分解され、「学力の三要素」であると文科省は強固に主張している。すなわち、①基礎的な知識・技能、②思考力・判断力・表現力等の能力、③主体的に学習に取り組む態度、とした。また高大接続答申（二〇一四年）において、学力の三要素は、①知識・技能の確実な習得、②（①を基にした）思考力、判断力、表現力、③主体性を持って多様な人々と協働して学ぶ態度、とされた。前者が小中学校まで、後者は高校教育でということになる。

非常に奇異に感じるのは、こうした官製「学力」概念に対して、それまで様々にある種、神学論争的な「学力」論を展開してきた教育学の世界、業界関係者がまったく無前提にこれを受け入れていることだ。むしろＯＥＣＤのDeSeCo（Definition and Selection of Competencies）の枠組みを参照しながら、コンピテンシー論を深め、日本の論議にいかに落としていくのかを最先端の理論だとして競い合う様相を呈している。その中で、マスタリーラーニング（完全習得理論）で七〇年代に著名になったＢ・Ｓ・ブルーム[1]による、目標（能力的側面）を語る共通言語としての「教育目標の分類学（タキソノミー）」の開発や、非認知的な領域へも踏み込んだ学習理論が今更のように大流行し、空疎な議論が活発化している。

今回の学習指導要領の改訂に際して、とりわけ強調された「資質・能力」が、「学力」と同義語になって扱われている。これほど揺れ動く「学力」論は、いずれにせよ、国際化と情報化の中で先の見通せない不安定な社会において、戦後日本の学歴・学校歴社会を支えてきたシグナル論が提示する、「無為なことでも学ぶ」勤勉性と忍耐力をベンチマークとしてきた「学力」が、さすがにこれ以上通用しないことに権力側が思い至っているからであろう。何より先進国クラブであり世界中の資源を食い尽くしてきた「吸血鬼の同盟」であるＯＥＣＤが、この論争に先鞭をつけ世界中を巻き込んでいるのがその証左である。

二〇一八年度、いわゆる「血のにじむような」合理化の果てに世界中から三十兆円の売り上げを達成し、純利益でようやく三兆円を稼ぎ出した「トヨタ自動車」に比して、売り上げそのものは三兆円程度だが、金融資産運用を含めて二兆円の利益を上げるソフトバンクのような企業の登場は、国際経済秩序が、もはやこれまでとは異次元に入りつつあることを予感させる。こうしたことはシンギュラリティやこれまでの職がなくなるといった中教審による「恫喝」（「幼稚園、小学校、中学校、高等学校及び特別支援学校の学習指導要領等の改善及び必要な方策等について（答申）」中央教育審議会、平成二八年一二月二一日、九―一〇頁）を受けなくとも、多くの人がうすうす気づきつつある。

そこでここでは、こうした「最先端」の「学力」論に意義を見つけるのではなく、むしろ自明のごとく「学力」を身に付けることを、平等な社会や公正な人間関係の実現としてとらえてきた「我々」の側について、検討していきたい。

1．子どもの貧困

別のドアから入ろう。

子どもの貧困が大きく社会問題となり、税や社会保障の再分配機能がまったく働いていないという問題を完全に放置して、「子ども食堂」や「フードバンク」が大流行し、「これが解決策」といった誤解が意図的にばらまかれている。

「読売新聞（二〇一七年二月一二日朝刊）No.2247」の記事「教育ルネサンス　模索する幼児教育6――貧困の子に『乗り越える力』」の中で、名古屋市のJR名古屋駅に近くの認可保育所の園長は「大切にされていない子どもは助けを求めないまま、自分のしたいことをあきらめてしまう。『助けて』と言ったら助けてもらえた経験を園でさせ、将来にわたって幸せに生きることをあきらめない力をつけたい」と語り、東京都足立区の子どもの貧困対策課の課長は「幼児期に質の高い教育を行うことで、子どもに生き抜く力を身に付けさせ、結果的に貧困の連鎖を断つことができれば」と話す。米国のペリー・レポート等(2)の影響もあるのか、こうした論調は支配的であり、一般的だ。

個人が生き抜く「力」を付けることによって、貧困からの脱出をはかり、それには幼児期からの教育・保育が重要であるという論調、多くの論調がこれである。そのためには手厚い、とまでは行かなくてもケアが必要である。補習塾や子ども食堂によって、大人や社会への信頼感の回復を図り、これを基盤として、貧困（親の貧困）を乗り越える、というものである。

これに疑問を投げかけるのが中村文夫だ。

中村の問題意識は、「とくに子どもの貧困に対する学校現場での対応の問題と、それをおこなっている学校職員の置かれた状況」を意図的に重ね合わせた上で、「新自由主義政策では、貧しさも豊かさも自己責任とされる。……現在、生活保護では現金給付から自立促進へと舵が切られ、同様に就学援助においても現金給付から『学歴・学力保障』へと重点が移りつつある」（中村二〇一五、二〇七頁）としている。

そして「『学歴・学力保障』の実務を最前線で担う学校関連職員は、非正規労働者、外部スタッフ、委託民間請負、NPO職員など低賃金によって働く人々の割合が増している。そこには、貧しい者による貧しい者への救済、『相互扶助』を強いる官制の構図が生じている。豊かな者たちは富の集積に走り、再配分による負担を軽減する方法を講じている。貧しい者同士による助け合いによって貧困問題を社会的に完結させようとしている」と、「学力保障」という歴史的な用語へ遠慮がなく、その構図を断じている。

現在の貧困対策の方向は、「経済的理由によって修学が困難な者」に対して、「経済的な保障をすることに重点を置くのではなく、自立、すなわち子どもの『学歴・学力保障』へと重点が移っている」とし、貧困世帯のために学習環境が整わず、学習遅れが生じ「お客さん」として学校で居場所のないまま放置されてきた結果、高校受験等の機会を得られなくなった生徒への重点的な取組を行ってきたケースワーカーの事例を紹介し、それが生活困窮者自立支援法の学習支援によって集大成されるとともに変質も現れていることを明らかにしている。さらに、江戸川区、埼玉県、釧路市の事例を紹介し、いずれもマスコミ等で賞賛されているケースで「自立」に向けたアウトリーチが、非正規スタッフによる「外部化」、すなわち公務員としての教員、自治体職員の仕事ではなくなる方向で進められていると指摘する。確かに、公務労働における非正規化の進展とパラレルな形で、「貧困者による貧困層の救済」の方向が顕著に進みつつある。

こうして、「学力保障」の取り組みは、貧しい者同士による助け合いによって貧困問題を社会的に完結させようとし、さらには「学力保障」政策が「自立援助」施策であると誤解させる。社会構造や法制度の中にある本質的な問題を放置し、自力救済・相互扶助への落とし込み政策であり、「子ども食堂」や「8／31の夜キャンペーン」も同様であろう。

2. 戦後解放教育の論理

次の入り口は、この「学力保障」という概念である。

これは、「解放教育運動」の中にあったとみるのが一般的であろう。部落解放運動からの教育実践や教育研究の問い直しは、①教育運動にかかわる各主体の自立と自己解放欲求を前提とした連帯、②「教育」や「学校」の客観化と普遍化、③他の諸差別を含めての関連づけ、④現代的な階級構造総体へのその位置づけなどが問われた（田中 一九九九、三九頁）。

木下は、解放教育の課題として以下の三つをあげる。一つには、学力保障、進路保障の取り組みの前提として、「自立」＝「共生」の資質であり、二つには、学力保障の理念として「教え」・「育つ」という緊張関係を土台にして、「教える学力」から「育つ学力」への基軸転換、三つには、「自己教育力」の育成、「育つ学力」の主体的な達成とかかわって、「個と集団の弁証法」としての「個」に対する濃やかな働きかけとして、主体的な「ひとり学び」の保障であり、「個を高めることを通じて集団を高め、集団を高めることを通して個を高める」という原則であるという（木下 一九九八、三〇六―三〇七頁）。

こうしたモチーフの中、同和教育の枠において「学力保障」「解放の学力」といった概念が展開されてきた。深く振り返ることはできないが、一九六〇年代七〇年代の展開を経てそれは今日、変質しつつあるように思われる。一九九〇年代以降、顕著には二〇〇〇年以降の、いわゆる「ゆとり教育」批判、「学力低下」批判にあわせる形でその論調に見過ごせない変化が見られる。「解放の学力」論も時代とともに変化してきているのである。

鍋島は、「戦後の同和教育運動は、……部落の子どもたちの学力を部落外の水準にまで高めることや、部落の子どもたちや保護者の教育達成を通じた上昇移動の意欲を引き出すことはほとんどできなかったのである」（鍋島 二〇〇三、一二六頁）と指摘し、「家庭的・文化的条件によって低学力で苦しむ子どもたちの指導方法、学習到達度の把握方法等においては、学校の中では見るべき進歩がほとんどなかったと言っていいだろう」と指摘する（同前）。

この課題、すなわち学校での達成が不十分であるという指摘を背景として、対応するように、「効果のある学校」論や「教育コミュニティ」論が登場していく。

「効果のある学校」としては、たとえば『金川の教育改革（「金川の教育改革」編集委員会編著）』では、教育改革の問題設定・課題認識が「三年後、つまり、二〇〇七年四月には、この学年が文部科学省の全国学力調査の対象学年です。また、この学年は小一プロブレムといわれはじめたころの学年です。平均点向上をめざした取り組みだけでは決して子どもたちの実態に手が届かないのは明らかです。もっと、多くの人々の知恵や工夫が必要です」とし、「子どもの育ちを共有化しながら、その成長を人びととのネットワークで総合化していく道筋が協働の教育活動である…個の学力の阻害要因を学校・家庭・地域の協働で越えることが、金川の教育改革の原点です」としている。「平均点の向上」ではなく「個」の阻害を集団で乗り越える方向である。

また高田は、池田寛らの論を踏まえた上で、彼らが提起した「一九九〇年代の〈地域教育システム〉論」

を以下のように整理する（高田 二〇〇七、二九―三〇頁）。

一九九〇年代の大阪では、子どもたちの学力・生活実態調査が盛んに行われ、学力保障は学校の課題であるだけでなく、家庭や地域の課題でもあるという認識が広まり、……一体となって解決しようという動きが起きていた（引用者注　前出、金川の教育改革などの論）。当時、同和地区の教育運動においては、家庭教育のあり方を見なおそうという問題提起が行われ、特別対策のもとでの「制度依存」やそれを克服する「主体形成」に関する議論が盛んであった。また、解放運動の課題として、周辺地域と一体となった「まちづくり」が提起され、地域教育運動を外に向かって開こうとする動きが盛んでもあった。〈中略〉

「地域」の枠組みは「同和地区」から「中学校区」へと広がっていった。そして、「開かれた学校」を中心に、……教育における協働を通じて人権意識の高揚をはかるという「人権のまちづくり」の実践へと結びついていった。こうして、一九八〇年代の「解放教育計画」は「地域教育システム論」へと発展し、「教育コミュニティ」の理論と実践が開花していくことになる。

「主体形成」に重きを置いて「制度依存」から地域ぐるみで脱する。これも個々の「力」を前提としたものである。この「教育コミュニティ」論も個々の「力」の促進を前提とした協働・協業論となっている。

一方で、一見して個の学力に落とし込まないようにみえる論である原田琢也の論もある。

ここでも、保障されるべきものは「第一に、子どもたちのアイデンティティ形成をいかにして支援するかということである」。しかし、「第二に、学校文化と家庭や地域の文化との関係性の再構築が必要であり、「家庭における子どもの生活習慣のどのような部分を変えていけば、子どもの学力向上につながるのか」を検討して「親との連携を深めるように努力すべきである」とする。ここでは「早寝・早起き・朝ご飯」運動も推奨される。

「第三に、学校文化の再創造」として「長年にわたって学校の中で当たり前とされていることに対して、そして自分たちの価値観に対して、反省的なまなざしを向けていく必要がある」とする。そこでは「頼りにする／頼りにされる」、「あこがれる／あこがれられる」関係の中で「自己有用感や自尊感情を高めること」を目指すとしている。まだ端緒に着いたばかりであり、はっきりとした成果が出ているわけではないが、これらの手法は、学校文化をつくり変えていくという観点からは効果的だと考えている。さらに「第四に、学力の落ち込みを下支えする必要」を述べる（原田二〇〇七、一四四―一四六頁）。

現場体験からの学校回復構想なのだが、そこまで、かつどこに向かって学校を回復させねばならないのかまったく疑問である。原田は「その低い学力達成からもたらされる低い自己評価が、またもや低い学力達成の原因となっているという、堂々巡りの関係」を指摘するのであるが、根底にある「低い自己評価」なるものがどこから生み出され、何によってもたらされているかを問うまなざしがなく、低い自己評価を集団の連帯で上げて学力保障につなげることが当為として論じられている。「生活習慣」を変える前に、克服されるべき「生活習慣」の自明性を検証する姿勢が弱いように思われる。

もちろん集団として相互を支えあうという構造は残しつつ、学力や自尊感情で主体形成を図って自立していくイメージが「解放教育」には残されている。

他方で、長尾は、その著『学力保障と人権教育の再構築』において、「進路保障としての学力保障」が実は空洞化していることを指摘する。どのような仕事に就くにしろ、ある程度の学力は必要なので、だからとにかく高い学力さえ身につけておけばいい、といった考えがあり、特に「学力」面での高校大学の入りやすさは、「進路保障のための学力保障という、これまでの人権教育の大きな課題が消滅してしまった」とする。しかし、そうではなく、「進路の保障を行おうとする以前に、めざそうとする進路そのものがあいまいになってしまっている状況、希望すべき進路がきわめてとらえにくいものとなっている現状が見られるのである。」と述べ、「めざす希望の職業がまずあり、そのために必要な学力を保障していく、それが人権教育の課題としての進路保障、学力保障であるといった図式は、大いに揺らいできて」おり、「そのために保障されるべき学力もまた、インパクトを欠き、手がかりと方向があいまいなものにならざるをえないことになってきている」（長尾 二〇〇五、一一六―一一七頁）という。

ここでは別の意味で「学力保障」と個の学力の位置づけをとらえ直すべきだということになる。だが、それは職業像や働くことの意義が空洞化しているから、保障したはずの学力の行方が喪失しているという意味での「空洞化」の指摘なのである。

「効果のある学校」によって、「個」の学力向上を「成果」としてえようとも、何に向かって、どのような「達成」を効果とするのかがますます不明になる中で、「個」の力をつけることが自己目的、かつ事実上の現状肯定として進んでいる。社会の不透明さと格差の拡大の中では、「個」に力をつける方向で「効果」をあげようとも、その後の不明さは解消されないのである。

おわりに

成人の識字教室についてみれば、読み書きで開かれる世界があることは確かだ。一九八九年にはパウロ・フレイレが来日し、国際識字年推進中央委員会が『識字こそが人権　日本からの国際識字年へのメッセージ』を刊行している（森 二〇一六、三頁）。その後、同和教育行政の後退による衰退局面はあるものの、夜間中学の推進は、「義務教育の段階における普通教育に相当する教育の機会の確保等に関する法律」という意外な形で法制化された。経済的な「一億総活躍」への国民総体の包摂をもくろむ法律に組み込まれたのである。そのことでの社会構造的な意味は別途問われねばならない。

また、被差別部落の人にとっての識字、渡日外国人にとっての識字、日本の中学生にとっての学習はそれぞれ意味が異なるとはいえ、教授学習過程に落とし込んでいけばさほど違いはない。誤解を恐れずに言えば、先に述べた解放・人権教育もまた同様である。

「能力」といおうが「学力」といおうが、「識字」といおうが、はたまた「コンピテンシー」といおうが、個人が何らかのものを「身につけた」上で、「自立」と「共生」を図る。そうできない「もの」については、社会構築的に足下から、すなわち地域・家庭から根幹を掘り下げて、掘り起こし「できるように」支援する。

それでも、「できない」ものにとっての「学力」は「解放の学力」となり得るのかという疑念は残される。生産主体として「個」が登場する限りにおいて、「個」に能力つけて／つけさせるしかないのか。この擬制的でしかない「能力」概念が個人の属性として見なされ、その有無や高低の評価秩序が諸個人を分断して、他方で社会的分業制の中で統合する役割を果たす。

「力をつける論」にいる限り、society5.0といった言説に振り回される。一時的にせよ個の能力・業績に関する議論は止揚するしかない。「個」で力を見るのではなく、「力」こそが共同的・協働的なものであり、生きていく／いる基盤としての共同性の中でしか存在しえないことを再認識するしかないのである。

注

（1）『教育評価法ハンドブック』（一九七三年、第一法規）において、子どもの能力・適性に応じて授業を行えばすべての子どもが、完全習得できるはずである、という主張を展開する。

（2）ペリー就学前計画（一九六〇年代のアメリカ・ミシガン州において、低所得層アフリカ系アメリカ人三歳児で、学校教育上の「リスクが高い」と判定された子供を対象に、一部に質の高い幼児教育を提供し、その後約四〇年にわたり追跡調査を実施しているもの）やＯＥＣＤ国際レポート（Skills for Social Progress : The Power of Social and Emotional Skills, 2015）等。

引用文献

「金川の教育改革」編集委員会編著『就学前からの学力保障――筑豊金川の教育コミュニティづくり』、解放出版社、二〇〇六年
木下繁弥「第3編　第3章　教育課程の改訂と解放教育の課題」『改訂　戦後同和教育の歴史』部落解放研究所編、解放出版社、所収、一九九八年
高田一宏編著『コミュニティ教育学への招待』解放出版社、二〇〇七年
田中欣和・山本冬彦『教育の解放を求めて』明石書店、一九九九年
長尾彰夫『学力保障と人権教育の再構築』明治図書、二〇〇五年
中村文夫「第12章　子どもの貧困対策と公教育の現在――子どもの貧困に学校はなにができるのか」嶺井正也・中村文夫編『市場化する学校』八月書館、所収、二〇一五年
鍋島祥郎『効果のある学校――学力の不平等を乗り越える教育』、解放出版社、二〇〇三年
原田琢也『アイデンティティと学力に関する研究――学力大合唱時代に向けて、同和教育の現場から』批評社、二〇〇七年
森実「特集　識字・基礎期保障の動向と課題　特集にあたって」部落解放・人権研究所編『部落解放研究　二〇五号』解放出版社、所収、二〇一六年

第10章　地域社会と公教育の関係性をどうとらえるか

元井一郎

はじめに

これまで公教育の理論研究に関わって、「地域（地域社会）」はどのように捉えられてきたのだろうか、あるいはどのように認識されてきたのだろうか。こうした疑問は、直ちに地域にとって公教育とはどのように捉えられ、認識されてきたのかということを問うことでもある。また、公教育にとって、地域とはどのような存在であるのかという問いにもなる。誤解を恐れず指摘するなら、地域にとって公教育は悩ましい存在であり、同時に公教育にとっても地域は悩ましい存在なのである。

周知のように地域それ自体は、公教育における教育対象でもあり、具体的な教育活動を支える場でもある。したがって地域は教育活動そのものにとって必要不可欠な存在なのである。しかし、他方では、国民国家が組織する公教育は地域の教育的営為のすべてを一元的に管理・支配することを貫徹するのである。

つまり、国民国家の政治的権力は、地域の教育的営為に対する支配を貫徹するために公教育を制度化するのである。その意味で、地域は公教育として制度化された教育的営為が展開される場でもあり、地域の独自な教育的営為を国民国家が総括する公教育内に制度化する場である。逆に地域にとっての公教育は、地域の教育的営為を継続的に継続するために必要不可欠な存在となる。いずれにせよ、地域と公教育の関係性は極めて複雑で悩ましい構造となると整理できる。そうした事実を反映して、これまでの理論研究を振り返ってみても、「地域」を民主的な教育の実践の場として肯定的に捉える地域教育論もあれば、その政治的経済的な支配構造を貫徹するために地域を限定的、制限された存在であると理解する論理も存在している。

本章では、公教育という国家が教育を総括するという教育体制を前提として、私たちは、地域社会と教育の関係性をどのように理解するのかという論点を中心に議論を進めたい。近代教育は、子どもの存在を大人とは異なる「自立」した存在として捉えたことから始まる。そのレーゾンデティールは、人間が本来的に「社会的諸関係の総体」（K・マルクス「経済学批判序説」）であり、相互に依存するという存在様式から距離を置く思想でもあった。教育において追求される「自律」や「自立」という論理が、近代における地域や公教育の関係にどのように貫徹されているのかについても本章では問い直したい。

1．教育と地域社会の関係に関する議論と課題

まず、地域と教育に関わる研究に関して、本章の課題に則していくつかの研究上の論点を以下で整理しておきたい。

（1）地域と教育に関わる研究とその位相

地域と教育の関係を議論とした研究として、一九八〇年前後から学校の変容論を整理しながら地域教育計画論を主張した海老原治善の所論（海老原 一九八一）がある。海老原「地域教育計画」の理論枠組みは、既に一九六〇年代に海老原が主張したA・グラムシ「ヘゲモニー論」を踏まえた教育改革論（海老原 一九六五）を基底にしている。しかしながら、一九八一年に刊行された『地域教育計画論』においては、グラムシが主張したヘゲモニー論だけではなく、より精確にはグラムシの議論よりもマルクスや空想的社会主義者の議論を参酌した理論構成となっている。つまり、海老原の地域教育計画（運動）論は、具体的な地域社会や学校における教育計画の新たな可能性をマルクスの人間解放論や空想的社会主義者の都市計画などに込められた理論を媒介してより現実化しようとする意図が見られる。さらには、持田栄一による海老原「教育政策論」の批判論を自覚しながらの理論的修正も見られる。そのために、海老原の地域教育計画論は、単に国家計画への対抗的計画という構造改革論的な視点から構築された教育計画論ではなく、既存の関係を対象化し超克することを地域において構築しようとする点に特徴がある。

海老原の上記所論が七〇年代までの地域と教育の関係性を前提に論じたものであったのに対して、八〇年代から九〇年代における日本の公教育を支える学校や地域の変容、あるいは問題構造を直視しつつ、教育を地域社会との新たな協働関係として位置づける論理と方法を主張したのが池田寛の所論（池田二〇〇〇）である。池田は、二〇世紀末にそれまでの地域社会における人権・解放教育の実践の成果を踏まえて、地域における教育の協働性を基軸に教育コミュニティの構築論を提示した。

池田の論理は、二〇世紀末における地域と学校において課題化した様々な問題を踏まえながら、その構築を地域と学校との協働性において超克する方法の提示を中心的な論点としている。その論点は、学校だけでなくこれまで教育的営為を支えていた家族や地域社会が様々な問題状況にさらされ、教育という営みが阻害されている同時代的な現実への対応策を構想した論理であると整理できる。この池田の論理も海老原論と同様に、地域と学校の関係性を重視する点に特徴がある。さらに池田論では、学校と地域社会の教育活動に関する協働性を構築するという「改革」を通して、教育活動の新たな展開、特に問題構造への対策を図るという理論的志向を強く持っていたといえる。

また、地域と教育の関係についての所論を検討する際、直近の学習指導要領改訂（二〇一六—一七年度）において明記された「社会に開かれた教育課程」論にも注目すべき論点がある。「社会に開かれた教育課程」論では、教育・学習活動を地域社会との連携および協働を通じて実践することが目指されるという論理になっている。同時にこの論理を支える議論として、「カリキュラム・マネジメント」論などが盛んに喧伝されている。こうした教育政策の新たな展開に関わって提示された「社会に開かれた教育課程」

論に関する解説書（山崎 二〇一八）も刊行されている。今般の学習指導要領改訂に伴い、提起されている地域社会と学校、特に地域の教育の連携論は、先に挙げた海老原論や池田論とは全く異なる論理、つまり、現代資本主義における政治経済体制の変容に対応する国家権力の政策方針に沿って構成された論理といえる。注目すべき点は、海老原論や池田論で提起されていた地域と教育との連携論や共同論が、公教育の現状への対応策としてのみ理解され応用されている点である。

改めて指摘するまでもなく、前二者の論点は、地域における教育改革を通して公教育の変革を目指そうとする点であるのに対して、後者は、公教育の現状維持と地域社会の教育的な綻びを修正することを求める点にある。その論理は、全く異なり、思想的な立場性も異なる。

それらの点を前提にしても、これら三つの所論には、公教育それ自身についての理論的な分析ないし批判的論究がない点に理論的共通性がある。この共通性が、地域社会と公教育に関わる研究において最も大きな問題状況だと考えている。[1]

（2）地域と公教育の構造把握という論点と課題

ところで、戦後日本の公教育論において、地域社会と公教育の関係について、一九六〇年代に戦後教育改革期のコミュニティ・スクール論に対する批判論を展開したのが持田栄一であった。持田は、次のように論じていた。

「戦後のいわゆるコミュニティスクール（学校は地域社会の要求に即して運営されなければならないという考え方）は地域社会のなかに、さまざまの階級・階層の教育要求があるにもかかわらず、これを地域の教育要求という形で一色にぬりつぶしてとらえようとした点で、大きな誤りをおかした。」（持田 一九六五、一五〇頁）

さらに持田は続けて次のように地域と公教育の関係性を整理している。少々長いが引用しておきたい。

「一つにはその地域において生産力がどのような形で発展し、それが教育をどのように規定しているかを課題としなければならない。とともに、一方、生産力と生産関係によって規定されて現実化されるのであるから、教育における地域を理解していくためには、その地域における生産関係の様態を明らかにし、それが公教育をどのように規定しているかを問題としなければならない。たとえば、資本主義的生産流通関係が農村工業や地域産業を衰微させ、一方、大企業を大都市に集中させ、都市と農村、中央と地方との地域的分離対立をもたらす。このように地域の構造は生産関係の発展によって異なった景観をとり、それにともなって教育の形態も異なっていくのである。以上のようなわけで、教育における地域は決して固定したものでなく、その形態はその地域における生産力と生産関係その両者によって規定される公教育に対応し、歴史的に生成発展するものである。」（持田 一九六五、一五二―一五三頁）

この持田による地域社会と公教育の構造把握は、基本的な認識視角において大きな間違いはないと考えている。とりわけ、「教育における地域は決して固定したものでなく」という理解は、改めて教育と地域の関係を考える際に重要な視点であるといえる。さらに言えば、持田が理論の前提としている資本主義的な生産諸関係という視点は、現在においても公教育を捉える基本的な理論視角であり、新自由主義という論理をまとった現在の資本主義社会における公教育を議論する際にも理論的な導きの糸であることは指摘するまでもない。

グローバル化する資本主義の中で、たとえば、A・ネグリの論理を援用するなら〈帝国〉段階における地域（ローカル）と公教育はどのような関係を持つのかと言うことへの原則的な分析視角としても、持田の前述の指摘は重要である。固定された「ローカル（地域）」に単純に依拠して論じることは、精確に公教育における現代的な問題を捉えうるのか疑問だからである。ネグリ＝ハートの見解を援用するなら、「ローカルなものに固執する立場」は「間違ったものであり、有害なものである」（ネグリ／ハート二〇〇三）ということになるのではないだろうか。ネグリらの見解は、地域（ローカル）に一方的に価値を置くことの危険性の指摘であり、今日でも、地域と公教育の関係性を議論する際には踏まえるべき視点であることは間違いない。また、それは、「地域」が内包する異質性や差異を無批判に評価あるいは価値づけることにより、均質化や同質化を強固に強いるグローバル資本に対抗が可能だという幻想を抱く思考様式に対するネグリらの警鐘だとも理解すべきだろう。

いずれにしても、地域と公教育に関わる論点において、喫緊の課題は公教育をどのように理解するかではないのか。次に、公教育とはどのような存在なのかについて、前述した「自立」と「依存」という論点を考慮しながらさらに整理しておきたい。

2. 地域と公教育の理論的再考の視座

(1) 公教育とその史的構造の捉え返し

近代社会において成立する公教育体制に関するこれまでの史的研究の一般的な見解では、その公教育に関わる法制的整備がなされた一八世紀中期から一九世紀後半の成立と理解されてきた。たとえば、プロイセンのフリードリヒ二世による一般地方学事通則の制定（一七六三年）、フランス革命期（一七八九—一七九九年）の公教育法（案）、さらにはイギリスの初等教育に関わる一八七〇年教育法の制定などを通して、近代公教育体制が成立したとする理解である。こうした理解は、近代社会における私教育体制の確立が前提とされ、その組織化として公教育体制が確立したという法制史的な理解に立つものである。

ところで、周知のように、国家は、物理的・暴力的権力として支配を貫徹するだけでなくイデオロギー的支配権力としても存在する。したがって、市民社会が安定的に生産力を拡大している体制では、国家がその暴力的あるいはイデオロギー的支配を表立って発動する必要はない。近代社会における教育をめぐる国家的支配とはそうした観点から捉え直す必要がある。そうであるならば、教育に直接関連する法整備を行うという史実をもって、私教育体制と公教育体制の確立の画期とする指標にはならないのではないのか。近代国家による教育支配の構造は、市民社会の教育秩序に大きく掣肘を受けるのである。たとえば、イギリスにおいて教育に直接関わる法制度が一九世紀中期以降に整備されるという史実は、決してそれ以前に教育に関わる国家的な支配構造が存在していなかったことを示すものではない。すでに、一六〇〇年代初頭に整備された救貧法は、間接的に市民社会における教育関係を国家的に支配・総括するための法的な整備であった。同様に、一七世紀以降のイギリスでの民間教育団体等の諸活動、典型的にはキリスト教知識普及協会などの学校設置活動などは国家から黙認され支持されていた（D・ウォードル 一九七四）。近代社会の初期、言い換えれば初期資本主義段階、すなわち市民社会への国家権力の介入が制限されていたレッセ・フェール段階であっても、国家的な支配の論理は貫徹していたのである。そうでなければ、近代社会の初期に国家は存立する基礎や意味を喪失していたことになる。

ここまでを整理すれば、国家的な支配とは、市民社会における秩序を維持するために物理的強制力あるいはイデオロギー的統制が不断に展開されることであり、それは市民社会の秩序が安定している限りにおいて際立った強制的な介入や関与はみられないに過ぎないのである。市民社会と国家の分離・二重化とは、市民社会における諸活動や秩序に対して、つまり、教育等の在り方について、近代国家が、常に共同利害を実現するという論理で支配力を行使する構造を確立したことを意味する。国家は、市民社会の外側から市民社会を恒常的に支配・統轄するのであり、市民社会における教育を国家が支配・統轄したものが公教育体制ということになる。したがって、私教育（体制）と公教育（体制）と対置的に捉える論理、いわゆる「私教育の組織化としての公教育の成立」という認識には、近代国家の支配構造を精確に捉えないところに起因する理論的誤謬があると指摘しておきたい。

(2) 公教育の本質的な把握とその理論的継承の不徹底

近代公教育とは、前述したように近代社会における国家と市民社会の関係に基づいて成立する教育の歴史的定在である。そして、その本質は、市民社会における教育は、経済主体としての個人、つまり自立した個人が想定され、そうした諸個人の教育的営為は私教育体制として捉えられる。他面で国民国家による政治的支配という視点からは公教育体制として捉えられるのである。つまり、近代教育は、近代国民国家内における教育的営為の総体である。こうした近代公教育体制の歴史的存在様式について持田栄一は、次のように簡潔に整理している。

「『国家』がもともと物理的強制装置であるとともに、イデオロギーでありヘゲモニー装置であってみれば、まず、はじめに、前者(近代私教育)が成立し、ついで後者(近代公教育)が見られるというようになったというのではなく、国家存在にかかわる上記二つの支配は、近代国家成立の当初からみられたといわなければならない。……近代公教育といわれるものは、……教育の秩序を国家の積極的助成措置によって保障したもので、近代私教育体制と共通した一面をもち相互に補完し合う関係に立つものである。」(持田 一九八〇、五八頁)

こうした持田による公教育の概念整理は、既に引用した地域社会と教育の関係についての論点を深化させる可能性を持つが、持田が理論的に剔抉した公教育論の視座は、その後の教育学研究では中心的な理論課題として設定されてこなかった。

そうした公教育をめぐる理論的追求とその成果の蓄積が十分になされなかったため、公教育の本質的な把握は、多くが現象的あるいは制度的な検討と整理に終始してきた。前述したように公教育を私教育の組織化などと理解する表層的な理解が、本質的把握であるとされてきたこともその理論的帰結であるといえる。

ところで、前述の持田の論点を踏まえて、教育をめぐる自立と依存の関係についての論点整理をすると次のように整理できるだろう。近代国家は、市民社会の自由で自立した個人の経済活動が生み出す諸矛盾を国民国家が総括することを通して国家を媒介とした依存関係を構築するのである。近代教育が追及する自立した個人の確立という目的は、同時に国家による依存関係の再構築を意味するのである。言い換えれば、経済的自立の追求は、その裏面において政治的依存関係の構築を実現させることなのである。地域社会と公教育についての検討は、こうした近代社会以降の自立と依存に関する構造を前提に行われなければならないと指摘しておきたい。

3．地域社会と公教育の再考――理論的な閉塞状況を打破するために

（1）教育機能の国家的な支配・包摂と組織化された学校の「割り込み」

公教育は、その史的な成立背景として家族や共同体で行われていた教育的営為を強制的に学校という装置に包摂することで、家族や共同体によって担われていた教育が本来内包していた「共同性」や「公共性」を国家が代わりに担うことになったものである。しかし、近代公教育における学校は、それまで「共同性」や「公共性」を担ってきた家族の教育（養育）機能に関わる水平方向の連携や関係性を切断して制度化された装置である。つまり、学校は国家が自らの正統性の保持（国家的に総括された依存関係）と市民社会が要請する労働能力の陶冶を強制的に実践するための制度として、前述の切断の上に確立されたのである。このことは、学校に行くこと（就学）を強制される家族にとって、公教育は耐え難い制度であったことを意味する。そのため学校制度化の初期には、民衆的な反発や抵抗を学校それ自体が受けることになった。これに対して国家は、教育の「世俗化」「非宗教化」などの近代教育の理念・原則の実現をスローガンとして、徹底した制度化の推進を断行したのである。こうした近代的学校の制度化に伴う軋轢や矛盾は教育の史実において多数確認することができる。

フランス革命期における公教育体制の整備は、教育の世俗化の推進を目指すことでカソリック教会等の影響等を決定的に教育から排除するという国家的戦略の一端を担った。また、日本近代公教育史にお

ける、明治初期に発生した「学校打ち壊し」一揆は、単に経済的負担を起因とするだけでなく、伝統的な教育の在り方を保持しようとする抵抗であり、国家的な公教育の制度化に対する抵抗であったといえる。こうした家族あるいは共同体が支えていた教育のあり方と国家が総括する教育の在り方をめぐる対立や軋みは、現在においてもまだ学校を舞台にした教育機能の支配権をめぐって継続しているところである。

近代社会・国家は、教育という営みを家族や共同体という部分社会が担う機能の一つではなく、全体社会（いわゆる国家）による教育機能の統一的、画一的な支配と包摂を実現した。さらにこの国家による支配と包摂を担う装置として、学校が国家によって組織化されたのである。つまり、近代的な学校制度は、家族と国家の間に「割り込む」ようにして制度化されたのである。

（2）「暴力」を内在させた近代学校

また、公教育における学校は、それ以前の家族や共同体が担っていた教育・養育機能を国家的な編制対象として転換する装置であるだけでなく、本質的に強力な暴力性を包含する制度でもある。ただし、それは教育・養育機能を家族や共同体から強制的に収奪するためだけに持たされた暴力性ではない。近代以前の社会において一般的であった子どもが自らの日常生活の中で自然にあるいは自らの必要に応じて学ぶという放任的で非組織的な営みから、組織的で効率的なものに変換させるための強制装置なのである。近代学校は、子どもの自然成長的な協働的な学びを否定して、国家による規律的な教育活動を本質とする。当然、学校制度内での教育実践には、何らかの強制的な手段を使用することや、暴力的契機が必然的、恒常的に存在することになる。近代公教育において成立した学校制度は、体罰・いじめ・暴力行為などを不可避的に内在させている制度であり、その本質は現在の学校にも同様に通底している論理である。

こうして近代公教育は、国家の物理的強制力や暴力を背景に、近代社会以前の教育的営為が前提とした家族や共同体による共同性を否定し、他方で国民国家というより大きな共同幻想に向けて教育・養育の機能を修整し、包摂してきたのである。つまり、近代学校は、家族が所有していた教育機能を奪取しつつ、教育的営為を学校制度へ一元化させるように機能してきたのである。学校という存在を前提にしない教育の在り方や状態を私たちが想像し難いという現実的な契機は、近代公教育が組織した学校制度を通して創造されたイデオロギーでしかない。

おわりに

最後に、資本のグローバル化という論理を基軸に拡大する現代資本主義、いわゆる新自由主義という論理を前提にして、地域と公教育はどのような関係性として把握すればよいのだろうか。換言すれば、グローバル化の進展という現代資本主義における公教育は、どのように捉えるべきなのであろうか。

新自由主義は、「私」による「公」の包摂を実行することを国家が推進、あるいは正統化するという論理であり、それを象徴する基本的な政策方針が「民営化」という論理であることは指摘するまでもない。

したがって、そうした論理では、常に自立した市民の育成が追求されるのであるが、同時に市民社会の現実である格差の是正は政策課題となりにくくなる。「公」を「私」が包摂するのであるから、「私」的な問題状況に「公」の介入は考慮されないのは当然である。その意味では、「公」と「私」の二分論による政治社会モデルで現実を理解することを修正あるいは変更する必要があるともいえる。従来のように「私」の強大化に抵抗するため、あるいは制御するために「公」の強大化を目指す方途では、新たな展望は開けないのではないのか。私たちは、「私」と「公」という、換言すれば政治的国家と市民社会という二分論による理解を越えなければならない（ネグリ／ハート 二〇〇五）。同様に現代の市民社会・国家における自立と依存の関係構造は、自立という社会的強要を批判して、依存ということを単に肯定的に措定することでは根本的な課題解決には至らないのである。

それでは、現状を打開する方途はどのようなものなのか。改めて公教育における「地域」とは一体何なのか、「地域」とは教育にとってどのような意味や関係性を有するのかという史実の再確認からまずは始める必要があるだろう。そのことは、「私」と「公」という二分論、また「自立」と「依存」という二分論的な理解の地平を超えていくためにも必要である。また、教育的営為をネグリ等が提示したコモンあるいはコモンウェルスとして捉え直すことから始めることも必要であると考える。(2) 日本の近代公教育は、一四〇余年にわたり国家の教育要求を貫徹するように制度化され、地域社会はそうした論理を甘受してきた。したがって、地域社会に公教育の支配・統制に抗う論理や可能性を求めることはできない。そうではなく、公教育が貫徹させている支配と統制の論理を精確に捉えて理論化することこそ急務なのである。そのことは、同時に教育に関わる慣習化した意識やイデオロギーからどのように脱却するのかということと等価でもある。公教育に関わる理論的な追求（公教育論の深化）を行うことこそが、現代的な課題である地域と公教育の関わりについての新たな論点への解になるだろう。その際、公教育を「私」と「公」という二分論で理解することや、さらには、個人の「自立」と「依存」を二項対立で捉えることを理論的に超克する視点から私たちの理論的検討を始めるべきであると強調しておきたい。

注

（1）海老原治善の教育政策論に関連して、海老原論において、公教育論が欠落している理論的問題については既に指摘したことがある。元井一郎「教育政策と教育の国家的支配の構造」（嶺井正也編著『教育理論の継承と発展』アドバンテージサーバー、二〇〇一年刊　所収）一七三―一七四頁

（2）地域と教育についての新たな視点、とりわけ、コモンとしての教育という論点については、既に簡潔に私論を整理したことがある。元井一郎「地域づくりと公教育」（教育政策２０２０研究会編『公教育の市場化を・産業化を超えて』八月書館、二〇一六年刊　所収）一三七―一五四頁

参考文献

池田寛『地域の教育改革』解放出版社、二〇〇〇年

D・ウォードル『イギリス民衆教育の展開』(岩本俊郎訳) 協同出版、一九七四年
海老原治善『現代日本教育政策史』三一書房、一九六五年
海老原治善『地域教育計画論』勁草書房、一九八一年
アントニオ・ネグリ・マイケル・ハート『〈帝国〉』(水嶋一憲・酒井隆史・浜邦彦・吉田俊実訳) 以文社、二〇〇三年
アントニオ・ネグリ・マイケル・ハート『マルチチュード上』(幾島幸子訳) NHKブックス [1041]、二〇〇五年
堀尾輝久『現代教育の思想と構造』岩波書店、一九七一年
持田栄一『日本の教育計画』三一新書、一九六五年
持田栄一『持田栄一著作集6』明治図書、一九八〇年
山崎保寿『「社会に開かれた教育課程」のカリキュラム・マネジメント』学事出版、二〇一八年

第3部

自由な生の可能性

第11章 学校のアジールをめぐって

四方利明

1. 学童保育を拒否する子どもたち

働く親にとって力強い味方であるはずの学童保育（放課後児童クラブ）。しかし、私の子どもたちは二人とも（小五と小三）、昨年度（二〇一八年度）の途中で学童保育をやめてしまった。子どもたちがやめたのは、学童保育の「取り組み」に対する「嫌悪感」があまりに強かったからである。子どもたちが通っていた学童保育では、季節の各種行事、デイキャンプ、お祭り、運動会等々、さまざまな行事があり、一つの行事には、班分けから班内での会議、Tシャツ染めなど、行事に至るまでの事前の各種「取り組み」があり、学校の宿題は後回しにしてでも、学童保育の指導員の先生方はこの「取り組み」を熱心に指導されている。

せっかく熱心に指導してくれているのに、それが嫌だというのだから、先生方からしたらたまったものではないだろう。しかし、子どもたちがいうには、「取り組み」がなくてすべて自由時間だったら、学童保育に行ってもよいそうなので、身も蓋もない。学童保育から「解放」された二人はいそいそと「鍵っ子」となり、特に小五の息子は、帰宅してランドセルを置くやいなや出かけていき、糸が切れた凧のように暗くなるまで友人たちと遊び続けている。

周知のように、学童保育においては近年民間事業が次々に参入している。私が住む市においても、公立学童保育の民間委託を順次進めている。こうした民間学童は、英会話やプログラミングといった学習支援が手厚いのが特徴である。私の子どもたちが通っていた学童保育はそのような動きに抗って市直営のままふんばっており、指導員たちの「手作り」の「取り組み」がなされている。にもかかわらず、それらを拒否する子どもたち。考えてみるに、学校が終わった放課後においても、「学校」が続くことがしんどい子どもたちもいるだろう。そうであるならば、このことは、「自立」へ向けた学習支援プログラムが充実した民間学童保育においてこそ、よりあてはまるのではないだろうか。

2．学習支援に包囲される子どもたち

新自由主義的な施策が積極的に導入され、個別のニーズに対応した学習支援が効率よく整備されていく状況は、学校においても同様である。新自由主義的な教育改革の動きは、一九八〇年代の臨時教育審

議会に始まっているが、この動きが加速したのは、「ゆとり教育」から「学力」重視に教育政策の舵が切られて以降のことであろう。周知のごとく、二〇〇七年度からは全国学力テストが実施され、学力テストの結果の公表の是非をめぐる騒動が全国各地で起こっている。学力テストの結果を公表し、人事や給与に反映させることのねらいは、そのことによって学校や教員に競争原理を持ち込むためにほかならない。学校教育にアカウンタビリティが強く求められるようになった状況において、「学力」は数値化され明示可能な指標であるがゆえに、学校教育の「成果」を示すのに好都合であり、保護者に商品としての学校を消費させるという新自由主義的な教育改革の動向にマッチしている。この結果、現在学校における教育の「成果」は、子どもたちの個別「学力」に還元されてしまっている。

一方で、こうした学力重視政策とともに展開されてきたのが特別支援教育である。小国喜弘は、一九七九年の養護学校義務化が、「障害児」を普通学校から排除する仕組みの制度化だったのだとすれば、近年の特別支援教育が目指しているのは、できるだけ多くの「障害児」を普通学校へ包摂し、そのうえで特別支援学級という「健常児」から隔てられた場での専門的な支援を行うことであるという。そして、特別支援学級や特別支援学校であれば手厚い教育サービスが受けられるとして、「地域の学校」からの「障害児」の見えない「排除」が、当事者の親たちの積極的な選択によって遂行される傾向があることを指摘している（小国 二〇一六）。個別のニーズに対応した支援を提供するという特別支援教育が、新自由主義的な教育改革を補完してしまっているともいえるだろう。

今や、新自由主義的な施策が席巻し、効率的に整えられていく子どもたちを取り巻く環境は、事前に措定された個別のニーズにあった学習支援に包囲され、他者と自律的かつ創造的にかかわる余地が残されていないのではないか(1)。本章ではこのことを、学校におけるアジールとその消滅、管理の問題として考えてみたい。

3．アジールとは何か

アジールとは何か。まずは辞書的な定義を確認しておこう。『現代社会学辞典』では、「ドイツ語で『避難所』を意味」し、「世俗の権力が介入しない、自由と平和が保たれた、不特定多数の人が集う不可侵の聖域」と定義されている（大澤・吉見・鷲田 二〇一二）。『新社会学辞典』では、「特定の空間、人物、時間にかかわった者が、一時的あるいは持続的に不可侵な存在となる状態あるいはその場をいう」と定義され、「アジールの歴史は、聖的・呪術的な段階、実利的な段階、衰退から終末の段階という三つの段階に大別され」、「やがて国家権力の発展とともに、アジールは法の施行を妨げるものとして、一六～一八世紀の間に各国で廃止されていった」と説明されている（森岡・塩原・本間 一九九三、九頁）。

この「聖的・呪術的な段階、実利的な段階、衰退から終末の段階」という三段階でアジールの歴史を整理し、アジール研究の先鞭をつけたのがオルトヴィン・ヘンスラーである。目的達成のための合理的な手段を備えた近代国家の成立とともに、アジールが消滅したと説明するヘンスラーは、しかし、「一方では恐怖と孤独」を「他方ではそこからの保護と救済」を支柱とする、「アジールに表現された崇高な宗教的思考は、いささかも損なわれることなく生き続ける」ことを指摘している（ヘンスラー 二〇一〇）。山名淳は、このようなヘンスラーの指摘が、「近代における『アジール』の危機にもかかわらず、…（中略）…『アジール』的なるものが私たちの文化の構成要素であることを暗示している」と述べている（山名 二〇一五、一四九頁）。先に引用した『現代社会学辞典』においても、「アジールは時代や国ごとに姿形を変えており、監視・管理社会化が進む現代でも監視・管理の力が及びにくい残余として機能している」と説明されている（大澤・吉見・鷲田 二〇一二）。

本章では、このような近代以降の今日にも生き続ける「監視・管理の力が及びにくい残余」としてアジールをとらえ、学校におけるアジールを、学校における監視や管理から一時的にせよ逃れることのできる隙間のような空間として考えることにしたい。

4. 学校のアジール

学校にアジールのような空間は存在するのだろうか。

たとえば、学校図書館を考えてみよう。この場合のキーパーソンは、教員である司書教諭ではなく、学校司書である。司書教諭は、学校図書館法の改正によって、二〇〇三年度より一二学級以上の学校には必置となったが、司書教諭を配置している学校でも、実態としては司書教諭が必ずしも学校図書館業務に専念しているわけではない。そのような場合、学校図書館は他の特別教室と同様に、読書の時間や調べ学習など、授業の一環としてのみ使用されがちである。一方、教員ではない学校司書が常駐している学校図書館であれば、学校のある日には学校図書館が常時開館することが可能となる。

さて、その学校司書に、学校図書館が子どもたちによってどのように使われているかについて話を聞いたことがある。ある学校司書は、次のように語ってくれた。「一年生の子が、お姉ちゃんと一緒に帰るから、お姉ちゃんの五時間目終わるまで待ってるとか。学年、クラス超えて待ち合わせられるので。あと、図書館登校もあります。今はないんですけど、保健室登校ってよくいわれますでしょう、教室入れないけど図書館は来れるという。私、前の学校では一人みてました。まあ自由に過ごせる場ですしね。…（中略）…ここは特に用事がなくっても入っていいとこなんです、ぷらっと」。さらに続けて、教室にはかかっていないクーラーが学校図書館だけかかっている時に、涼みに来る子もいるというエピソードも披露していただいた。(2) こうしたエピソードからは、学校図書館が学校のいわば「周縁」に位置しており、「中心」に位置する教室からのアジールとなりうることがわかる。

保健室もよく学校のアジールとして語られる空間である。佐川宏迪は、「一九七〇年代に保健室が徐々に生徒にとっての逃げ場として機能しはじめ」たと指摘している。そして、他の教員とは異なり、「中学校や高校において養護教諭が『評価しない』という立場をとる特別な存在として生徒たちに受け入れられていた」という（佐川 二〇一六）。田口亜紗も、もともと「医療空間」という目的しか設けられていなかった保健室において、「役割や目的を曖昧にしながら、あれこれと話し合いをしたり配慮を交わし合う時間と場所が積み重ねられている」と指摘している（田口 二〇〇九）。「医療空間」という当初の位置づけを

「逸脱」させて、保健室が学校のアジールに読み替えられていることがわかる。そして、先ほどの学校司書と同様に、養護教諭は、学校の他の教員とは異なり、生徒を「評価しない」がゆえに生徒から受け入れられており、それゆえに、性にかかわる相談など、「一般の教員にも伝わっていないような情報が保健室に集まって」くることになるのである（佐川 二〇一六）。

5．学校のアジール消滅の危機

しかしながら、近年、学校において従来アジールとなりえてきた「周縁」的な空間が、教育的な機能に回収され管理されることで、学校におけるアジールが消滅の危機に直面しているように思われる。

先の佐川は、保健室がアジールとして見出されはじめた一九七〇年代の段階ですでに、「養護教諭と他の教師との連携が模索され」、「養護教諭も生徒指導に参加するよう求められてい」たという（佐川 二〇一六）。その後、一九九〇年代に入って、保健室において、「『心の教室』というカウンセリングを目的とする空間づくりが進められ」たり、保健室が、「登校拒否の生徒のための『学習の場』としても期待されてい」くことに対して、先の田口は次のように危惧している。すなわち、先にみたようなアジールとしての「保健室の意義は、そうした確固たる規定で括られるような機能の外部」、「明確な目的が書き込まれていない余白、あるいは目的が複数に重なり合う不明瞭で厚みのある境界領域」にこそ存在するのであり、「目的を明確にした空間づくりや高度な専門性の導入は、境界領域としての保健室の可能性を逆に狭めてしまうのではないかと」（田口 二〇〇九）。「医療空間」から「逸脱」し「境界領域」となることでアジールとなっていった保健室に、新たに「心の教室」、「学習の場」といった教育的な機能が付与され、特定の機能を担う空間として位置づけ直されることで、保健室に見出されたアジールとしての魅力が消滅するおそれがあるのではないかというのである。

学校図書館も同様である。二〇一七年に告示された学習指導要領では、学校図書館を、今次の学習指導要領全体をつらぬく「主体的・対話的で深い学びの実現に向けた授業改善に生かすこと」が求められている。そして、学校図書館に「読書センター」、「学習センター」、「情報センター」としての役割が期待され、そのために「司書教諭及び学校司書の配置の充実やその資質・能力の向上の双方を図ることが大切である」とされている（文部科学省 二〇一八a）（文部科学省 二〇一八b）。司書教諭や学校司書がきちんと配置され、図書の整備が行き届いた学校図書館が、常時開館となること自体は歓迎すべきことである。しかし、保健室と同様に、学校図書館のもつアジールとしての魅力も、学校図書館に期待されたさまざまな機能におさまりきらない「境界領域」にこそ存在しているはずである。学校図書館に求められる役割が学習支援に特化していくことになれば、学校図書館に生成したアジールもまた消滅の危機を迎えるおそれがあるといえよう。

6. 学校のアジールは疑似的アジール？

しかし、学校図書館や保健室に生成したアジールは、そもそも本当に学校のアジールであったのだろうか。

一九八〇年代以降、教育改革の動きと連動して「個性」的に「学ぶ」システムへの対応等をねらいとして、廊下と教室の仕切りを外しオープンスペースを挿入させたオープンスクール型の校舎が、特に小学校において増えている。このような校舎を訪ねて気になるのは、死角がないという点である。近代学校における一斉教授に対応した教室が「一望監視装置」としての特徴を備えていることについて指摘したのはミシェル・フーコーであるが（フーコー 一九七七）、オープンスクールでは、さながら学校全体が「一望監視装置」であるかのようである。こうした死角のなさに対して、オープンスクールの推進者たちが手をこまねいてきたわけではない。オープンスクールには、「デン」なる空間が用意されているのである。

デンとは何か。船越徹らは、次のように説明している。オープンスペースが、「あるタイプの子供たちにとっては落ち着く場所の少ない、身の置き所のない空間になっていた。このことが気になり、設計者は窓際に出窓状のコーナーを設けたり、ベンチを置いたりした。これを発展させたのが『デン』…（中略）…である」と（船越・飯沼・寺嶋 一九九八）。デンにもいろいろあって、「畳敷きの隠れ場所」が設けられている校舎もあると知ったときには、考え込んでしまった。子どもたちが自分たちでみつけていくはずの隠れ場所を、先回りして予め用意してあげようという発想は、過剰な教育的配慮にほかならず、子どもたちを管理しようとすることと同義なのではないか。いうなれば、デンは用意されたアジールなのである[3]。

このような用意されたアジールは、先の山名のことばを借りれば、疑似的アジールといってよいだろう。山名は、一九世紀末から二〇世紀初頭にかけて展開された子ども中心主義的な「新教育」が、「学校による否定的な力の行使から子どもたちを保護するような『アジール』的な要素を、学校の外部にではなく、

棚倉町立社川小学校のデン

その内部に半ば意図的に取り込むことによって問題を解消しようとする側面を有して」おり、「疑似的『アジール』の相貌を帯びている」と述べている。さらに、「新教育」が「旧教育」からの疑似的アジールであったとすれば、「旧教育」の場である「旧来の学校もまた、大人と子どもの世界がまだ十分に分離されていない共同体から子どもたちの世界を分離してつくられた『アジール』としての側面を有している」と指摘している（山名 二〇一五、一五五頁）。

山名の指摘にしたがえば、「旧教育」にせよ「新教育」にせよ、近代教育はそれが行われる学校内に疑似的アジールを含み込んで成立していることになる。そうであるならば、先にみた学校のなかに見出したアジールらしき空間は、すべてデンのように、アジールとして機能することが予め織り込み済みの、用意され管

理された空間にすぎなかったのであろうか。

7. 学校のアジールという視点からみえてくること

以上、学校の「周縁」的な空間における学校のアジールの生成と、その教育的な機能への回収による管理についてみたうえで、しかしながら、そもそもこのようなアジールは、学校のなかに予め用意された疑似的アジールにすぎなかったのかもしれないという疑念について述べた。このような見立ては、アジール／管理された空間、アジール／用意された疑似的アジールといった図式に基づいている。しかし、学校のなかに、管理から完全に逃れたアジール、疑似的ではない「真の」アジールなど存在しうるのだろうか。

ところで、これまでみてきた学校図書館や保健室以外に、川越ゆりは、学校において、「現実からの一時的な避難所」である「秘密基地作りの場として特に好まれるのは校庭である」と述べ、校庭に学校のアジールとなりうる可能性を見出している。川越がいうように、もちろん校庭は「各種の行事や授業にも使用され、学校における教育的な活動が行われる空間であるが、一方で、「休み時間や放課後の遊び場としての役割も担う校庭は、カリキュラムから解放され教師の介入を最小限に子ども同士で関われる場である」（川越 二〇一四）。

基本的には学校の管理下にある校庭であるが、しかしその管理から逃れることもできるという、両義的な特徴を有している校庭。あらゆる空間に教育的な機能が付与され管理された学校におけるアジールは、そのような管理から完全に逃れることのできる空間ではなく、管理の網の目をくぐってかろうじて見出され、しかもやっとのことで見出されたアジールですら絶えず教育的な機能に回収しようとする管理の圧力にさらされ続けている、そのような両義的な空間なのではないか。学校のアジールらしき空間に安易に身を委ねてみれば、それは学校が予め用意した疑似的アジール、すなわち教育的な機能が付与された管理空間に過ぎない可能性もある。学校のアジールは、学校の隙間に偶然に生成するつかの間の不安定な空間なのではないだろうか。

それでも子どもたちは、学校においてアジールを見出し続ける。先ほどのデンの話には続きがある。あるオープンスクール型の校舎を訪ねたときに、開放的なオープンスペースの片隅に、本棚や壁によって周囲から仕切られ天井が低く暗くて狭い「クワイエットルーム」と称するデンが用意されていた。この小学校の教員によれば、このデンは子どもたちによってさまざまに使われているらしく、大変印象に残ったのは、教員を交えた児童会の会議では何も決まらないのに、児童会役員の子どもたちだけでこのデンで「密談」して出てくると、すべてが決まっているというエピソードである。おそらくこうしたデンの使われ方は、この空間が用意されたときの想定を超えており、子どもたちへデンを用意してあげようという発想も、そういう発想は子どもたちの管理につながるという危惧も、当の子どもたちは軽々と出し抜いて、自律的かつ創造的にデンという空間とかかわっていることを物語っている（四方二〇一八）。

ただし、このような子どもたちとデンとのかかわりもまた、教員から聞いたエピソードであるという

鯖江市立中河小学校のクワイエットルーム（デン）

ことは、学校による管理の枠内であるともいえる。子どもたちは、学校によって管理された空間のなかで、付与された教育的な機能をずらしながらアジールを見出し、にもかかわらずそのアジールは、再び教育的な機能に回収されることで管理され消滅の危機にさらされる。このようなアジールの発見と収奪、そして奪還と回収というダイナミズムが、日々学校のなかで生起しているのではないか(4)。

冒頭に述べたように、今日の子どもたちを取り巻く環境は、事前に措定された個別のニーズに対応した学習支援に包囲され、子どもたちに先回りして効率的に整えられている。しかしながら、学校のアジールという視点を導入することでみえてくることは、管理された空間のなかにあったとしても、子どもたちはアジールを探し求めるということである。

今必要なことは、子どもたちに、アジールを用意してあげることや、アジールを探すことのできる○○力を身につけてあげることではない。子どもたちが他者と自律的かつ創造的にかかわりながらアジールを見出す余地を、「自立」へ向けた学習支援で包囲することによって狭めてしまうことに対する、躊躇やためらいこそが求められているのではないだろうか。

注

（1）イヴァン・イリイチは、学ぶという自律的かつ創造的な相互行為が、パッケージされた教育という商品の供給―消費プロセスに置き換えられていく様相を、「学校化」と批判的に定義し、学校化社会の転換の指針として、自律的かつ創造的なかかわり、すなわちコンヴィヴィアリティという概念を提出している（イリッチ　一九七七、イリイチ　一九八九）。

（2）この学校司書への聞き取りは、学校にマンガ『はだしのゲン』が流入したことの意義について考察するために、二〇〇五年九月に実施したものである（四方　二〇〇六）。

（3）オープンスクールやデンについては、四方（二〇一八）がより詳細に検討しているので、参照されたい。

（4）以上に述べたことは、アジールを英訳したものがアサイラムであり、アジールとアサイラムがもともとは同一の言葉である点に着目した、有園真代や東畑開人の議論に重なる。アーヴィング・ゴッフマンによって広く知られるようになったアサイラムとは、全制的施設、すなわち、「多数の類似の境遇にある個々人が、一緒に、相当期間にわたって包括社会から遮断されて、閉鎖的で形式的に管理された日常生活を送る居住と仕事の場所」のことである（ゴッフマン　一九八四）。東畑は、『「いる」を支え、庇護する空間』、すなわちアジールであるデイケアが、『「いる」を強制し、監視する空間』、すなわちアサイラムに転化するおそれを絶えず内包していることを指摘している（東畑　二〇一九）。一方、有園は、ハンセン病療養所に収容された人々が、「強いられる画一的な生の形式を複数化させる実践」を通じて、「療養所という『アサイラム』を、別の能動的で肯定的な生の形式の基礎となる『アジール』へと転じてきた」ことを描出している（有園　二〇一七）。管理された閉鎖空間に子どもたちだけを囲い込む学校こそまさにアサイラムであり、有園や東畑の視点を借りれば、本章で述べてきたことは、学校というアサイラムのなかで見出されるアジールや、見出されたはずのアジールが絶えずアサイラムに転化する危機に直面していることについて、みてきたものということもできる。

参考文献

有園真代『ハンセン病療養所を生きる』世界思想社、二〇一七年
イヴァン・イリッチ（東洋・小澤周三訳）『脱学校の社会』東京創元社、一九七一＝一九七七年
イヴァン・イリイチ（渡辺京二・渡辺梨佐訳）『コンヴィヴィアリティのための道具』日本エディタースクール出版部、一九七三＝一九八九年
大澤真幸・吉見俊哉・鷲田清一編『現代社会学事典』弘文堂、二〇一二年
川越ゆり「『秘密基地』と学校空間」学校空間研究者グループ『学校空間の研究』コスモス・ライブラリー、二〇一四年
小国喜弘「地域と学校の再編成」小玉重夫編『岩波講座教育　変革への展望6　学校のポリティクス』岩波書店、二〇一六年
アーヴィング・ゴッフマン（石黒毅訳）『アサイラム』誠信書房、一九六一＝一九八四年
佐川宏迪「バッファーとしての保健室」『年報教育の境界』第13号、二〇一六年
四方利明「『境界』で出会った『他者』」吉村和真・福間良明編著『『はだしのゲン』がいた風景』梓出版社、二〇一六年
四方利明『学校の建築と教育』阿吽社、二〇一八年
田口亜紗「境界の弾力」荒川歩・川喜田敦子・谷川竜一・内藤順子・柴田晃芳編『〈境界〉の今を生きる』東信堂、

二〇〇九年
東畑開人『居るのはつらいよ』医学書院、二〇一九年
ミシェル・フーコー（田村俶訳）『監獄の誕生』新潮社、一九七五＝一九七七年
船越徹・飯沼秀晴・寺嶋修彦「学校――新しい世紀にひきつぐもの」建築思潮研究所編『建築設計資料67　学校2』建築資料研究社、一九九八年
オルトヴィン・ヘンスラー（舟木徹男訳）『アジール』国書刊行会、一九五四＝二〇一〇年
森岡清美・塩原勉・本間康平編集代表『新社会学辞典』有斐閣、一九九三年
文部科学省『小学校学習指導要領（平成二九年告示）解説総則編』東洋館出版社、二〇一八年
文部科学省『中学校学習指導要領（平成二九年告示）解説総則編』東洋館出版社、二〇一八年
山名淳『都市とアーキテクチャの教育思想』勁草書房、二〇一五年

第12章

フリースクールという子どもの居場所

岡崎勝

はじめに

学校には「教育改革」が常に求められる。社会が急激に変化し、社会に行き詰まり感があったり、大きな凶悪な事件が起きたりすると、その原因を教育や子育てに求めることが多い。メディアや評論家は「不景気の原因は有能な子どもが育っていないから」とか「凶悪事件は学校教育が原因」等々安易に印象批評をする。いくら多様性のある社会へと喧伝されていても、子どもをとりまく教育言説は、将来自分の子どもが自立して「勝者」になることを願う保護者や、「効率とコスパのよい労働力」「景気回復に寄与する人材」「日本をリードするエリート」などの「人的資本」を要求する業界人が多い。

「行政（文科省・教育委員会）」は、「個性」と「主体性」をキーワードに、競争による序列と排除の教育改革を喧伝し、施策をすすめる。一方で「市民」は私的エゴイズムに翻弄され、「不平等による差別」に苦しんでいても、それを「自己責任」と受け止め、お上のする「自由の剥奪・拘束・管理」を「配慮」と読み替えてしまう。日本の「小さな政府」は学校に、過剰なコスパの向上を求めて、教育予算を削ることしか頭にない。

そして、学校教育制度は質量共に貧弱になっているにも拘わらず、様々な理由から学校を逃れた子どもたちに、不登校・登校拒否という「社会的不適応」のラベルを貼る。また自宅にひきこもったり、心療内科・児童精神科・カウンセリング治療など「医療的措置」を求めたりする親子も増え、本当に必要な支援や援助から遠ざかる。不登校の子どもたちは学校でなく家庭で「充電」「メンテナンス」「休養」をし、また幾人かは様々なフリースクールに居場所を求める。

ここで論じるのは、フリースクールを学校の補完の居場所として考え始める人たちが増え、行政がフリースクールを教育施策の対象にしはじめたのだが、それが何をもたらすかである。

フリースクールと言っても色々だ。フリースクールの中身と運営は、設立者とスタッフの考え方や目的に左右される。フリースクールは学校へ行かない「子どもの居場所」あるいは「学校の代替物」となっている。「登校していないことで肩身の狭い思いをしてきた子どもたち」にとっては、ある意味では良きことなのだが、逆に、「自立」を強制され、既存の学校システム・慣習・価値観を学校以外の社会の隅々まで行き渡らせていく可能性もある。いわゆる社会の学校化である。

学校教育の「根深い矛盾」をフリースクールという学校外の「教育的な居場所」はどうやって受け入れるのか、あるいは受け入れないのか。そして、それは子どもの生活にどんなふうに影響するのか。出会った不登校の子どもやフリースクールの子どもたちとの交流から考えてみたい。

1. フリースクールに来る子どもたち――「所属する安心」ということ

フリースクールに初めて来た子が「私は三ヶ月くらい学校に行ってないの」と少し暗い顔でいうと、前からいる子が「私は三年くらい行ってないよ」と平然という。すると来たばかりの子どもはホッとした顔にかわる。

フリースクールに来てしばらくたつと、子どもたちは、「いつになったら学校に行けるのか?」などとは考えない。とりあえず嫌な学校に行く必要がないからだ。「学校には行けないが、フリースクールにはいくことができた」という安心感もある。子どもたちにとって「どこへも行けていない」というのは厳しいことなのだ。それは、「自分がどこにも所属していない」ということが、生きるには圧倒的に不利なこと、ダメなこと、自分自身の存在がないこと……という意味になると思い込んでいるからだ。もちろん、親もかなり安心でき、その安心感が子どもにも伝わり、そして子どもはちょっとほっとする。

一方、不登校で家に居る(居るしかない)子どもたちは「学校へは行きたくないけれど、別に行くところがないので家にいる」か「学校ではないが、自分と同じような子どもたちのいる所(フリースクールなど）にも行きたくない」ということになる。そうした子にとって家はまさしく自分を守ってくれる一番の居場所なのである。

不登校の子どもたちがフリースクールに来る理由は様々で、一人一人みんな違う。最初は「学校には行きたくないが、家にいるよりはいい」という子どもだ。いろいろと話すと、「家にいるよりは気が紛れる」とか「親がちょっとね……」と最初は言っている。そして、だんだん元気になってくることが多い。だから、フリースクールの子どもたちは、不登校で自分の家から出ない子に比べると総じて元気に見える。通っている間にも、少しずつ学校へのこだわりが減じていく子が多い。

ただ少数だが、フリースクールに居ても「今の私は本当の私じゃない」とし、学校にこだわる子どもや親もいる。最初は同じ通うにしてもフリースクールよりも、より「学校的」なサポート校や私塾を選んだりする子どももいる。そういう子どもたちはフリースクールに来てもすぐに退所するし、「フリー」な子どもたちを見下す態度さえ取る。

2. 不登校の原因・理由は何か？

不登校の子どもたちや親から相談を受けたり、話を聞いたりしていると「不登校の原因・理由」らしきものはきわめて多様であり、「いじめ」だ「学力不振」だと簡単に整理できるものではない。もちろん、子どものそれまでの生育過程、本人の気質、周囲との関係や折り合い方の未熟さ、友だちや教員との相性なども複雑にからみあってくる。しかし、不登校の原因・理由を学校システムから考えてみると、そこに見えてくるものは、「学校の硬直性と不寛容さ」に大きな問題があるということである。

本来「学校に行かねばならない」と学校を絶対化する呪縛から自由になることは悪いことではない。不登校の子どもたちがしんどいのは「行かなくてはならないのに行けない」というときである。「行かなくてもどうってことはない」と思えるまではそうとうな葛藤があるし、家族の理解も簡単ではない。「みんな当たり前のように学校に行っている」ことが、親子に対し非常に強い「同調圧力」と「社会規範」を強制する。だから不登校は社会的排除の一つと言ってもいい。

子どもたちに「不登校の原因・理由」を安易にたずねてもあまり本音は聞けないし、理由をたずねること自体が「暗黙の抑圧」となることを子どもたちのつき合いから感じる。たとえそれが善意であれ、いや、善意であるほど抑圧度は強く、それを内面化した子どもたちは「期待に添えない自分」を否定的に見るようになる。

フリースクールにも「学校に行けるまでの間、お世話になる」という親子と「学校へはこれからも行かないのでお世話になる」という親子がやってくる。ある程度、学校を見切った後者の子どもたちの方がフリースクールに早くなじむのは当然である。そして、そうなれば、「不登校の原因・理由」である学校の問題は、特に彼らの主たる関心事ではなくなっていく。

3. 先の見えない「不登校指導」と学校の硬直性・不寛容

学校の対応はどうか？　「子どもは学校に通うものである」という「常識」「偏見」「先入観」は教員には共通している。ほとんどの教員は「まじめな子ども時代」を過ごし、学校に所属したときは努力してある程度の成果をあげているので、「不登校の子どもの気持ち」はなかなか理解できない。あるいは「分かっても受け入れられない」のである。

急に学校へ行き渋るとか、休み出すと担当教員は「子どもに何があったのだろう」「指導に不手際があったのだろうか？」と慌てる。そして次に「友だち関係など自分の責任とは言えない理由からだろうか？」「親か家庭が原因ではなかろうか」と自分の守備範囲外ではないか？　と考える。だがいずれにせよ「学校に来させるには、どうすればいいだろうか？」と対処と指導を考えることになる。

しかし、現実には学校としてできることはそれほど多くない。不登校の原因・理由は多様だし、何度も言うように一つではない場合が多く複雑だからだ。しかも、「改善したから登校できる」という単純なものは少ない……というか、ほとんどない。今把握している「不登校」は過程でなく結果だからだ。過程や経過はすでにつかめない。

とりあえずは、子どもの気持ちの「良きタイミング」を見計らって声かけをしたり、ソフトに誘ったり、対話を成立させなければならない。担任にとってかなりやっかいな仕事であり、根気のいる対応が求められる。「これをすれば絶対に大丈夫」というノウハウはない。専門家や同僚から「うまくいく働きかけノウハウ」をアドバイスされても失敗するのが日常茶飯事である。三歩前進二歩後退ならまだ良い方で、三歩後退二歩後退もざらである。

「学校はいいもので、子どもは学校へ行かないと自立しない、成長しない、学べない、社会性が養えない」と思い込んでいる硬直性と不寛容さがますます増大していくことに気づくことがまず前提に必要だ。

4．学校対立から学校の補完場所としてのフリースクール

不登校が社会問題になり始めて四半世紀がたち、現在学級に一人二人の不登校は珍しくない。しかし、学校としてとりたてて有効な方法もなく、不登校は増える一方だ。とりあえず、不登校になったら学校のできることは、子どもの顔色を見つつ早期対応するしかない。ところが、学校の本質であるディシプリン、すなわち規律と管理による教育と不登校との関係を考えるような方向性は現場にはほとんどない。せいぜい管理をハードからソフトにあいまいに変換させる、「ちょっとやさしく指導しましょうか」という程度である。

そして長期の不登校の子どもたちに対応する術はないと言っても過言ではない。そうなると、学校は「不登校指導」の限界を公にすることになる。家庭、地域、性格、病気、怠学という「学校以外の理由」を探して、「子どもの問題で、学校の責任ではないですよ！」という「お手上げ宣言」をする。

そして、不登校の子どもたちの「受け皿」としてフリースクールが位置づけられる。

（1）「面倒な子どもの対応をしなくていいから助かっているんです」という教師のホンネ？

最近では不登校に関連づけられて「発達障害の子どもたちがクラスに六％くらいいる」という思い込み的な認識が、手のかかる子どもの排除の正当化に役立っている。教員が子どもとなかなか意志の疎通ができない、「指導できない」、「もっと適した場所で学習した方がいい」と言うような言い方で「六％」の子どもを特別支援学級・学校に送り出しても「やむをえない」「その子のためにいい」と考える教員が多く存在する。

私は、発達障害の判定と特別支援教育制度は子どもを教育的に差別し分断していると考えている。特別支援教育のねらいは「特別な配慮を要する子ども」に手厚い支援という対応をするということであるが、実態は「手のかかる子」を「特別支援教育の対象」とし、一般の学級から特別支援学級に送り出す＝排除する。インクルーシブ教育とは真逆の結果になっていると思う。

特別支援教育は、今までの養護学校や障害児学級と本質的には同じである。もちろん私は「特別なニーズに対する配慮」である「合理的配慮」がすべて間違いと思っているわけではない。だが、「合理的配慮」が実際には本人の意向とは別に、善意と教育の論理で「差別と分断」に荷担することがないとは言えないと思うのだ。

フリースクールもその「特別な配慮」による「特別支援」的役割がないわけではない。しかし、それが不登校の子どもと学校に在学している子どもとの分断を正当化する論理になっているとすると、結局は今の学校が謳っている多様性とか個性を重視しようという理念を自ら否定することになるのではないかと思うのだ。

フリースクールへ来ている子どもの学校の担任や管理職に聞くと「本人にとって幸せですね。学校は不登校の子どもへの働きかけが難しくて大変なんです。ですから助かっています」と言わんばかりである。

学校にとってフリースクールは結果的に「追いやる場所」になってしまっているというのは言い過ぎなのか。学校は今後、手のかかる子どもを、堂々と排除し、その受け皿の役割をフリースクールに担わせる可能性がでてくる。

（2） いっそう強化される規律と管理の教育

学校における、不登校児童生徒への対応力は低下している。世間一般の寛容さも低下していると言われているが、学校の寛容さの低下も著しい。とりわけ目立つのが、入学したばかりの小学一年生への教師たちの画一的な指導である。

以前は、子どもが学校に慣れるように一年生の子どもたちの緊張を解きほぐし、とりあえず子どもたちに「学校はとても楽しいところだ」という気分にさせるのが担任の至上命題であった。ところが昨今は、一年生がまずスタートに遅れないように、「静かに授業を受けられる」ように、つまり一時間座って授業を受けられるようにすることが担任たちの第一の関心になっている。

また、文字学習においても一学期間ゆっくりと五十音を遊びや歌、ゲームなどで学習をアレンジしながら文字を楽しく多面的に学ぶという場面を見ることはほとんどない。「みんなについていく」ことが子どもたちに課せられる。しかし、抑圧されたまま、大人の都合にあわせるだけの低学年時代を過ごした子どもは高学年で荒れると言われることも少なくない。低学年に痛めつけられて、ねじれてしまった子どもたちと私自身なんども遭遇している。

最近の中学校における対話的学習（アクティブラーニングもどき）の重視にしても、「能動的に授業に参加すること」を強制されるようで、一定の数の生徒たちは教室に居づらくなる。「黙っていてはいけない、何か言わなくちゃはじまらない」「うまく、思いを伝えられるだろうか」「それをみんながうけいれてくれるだろうか？」と言ったその場の人間関係の緊張感が子どもたちにかなりのプレッシャー（同調圧力）を与える。彼らにとって、まず人間関係を円滑にすることが課題なのだ。

新しい道徳の授業においても、「求められる正解」の意見を暗黙に要求されるという授業への同調圧力？がある。黙ってボーッとやりすごすことも難しくなるだろう。一九九〇年代からの教育改革以降、学校は「個性化と多様性」の名の下に、「同調する能力、anti-ＫＹ能力」の養成にまっしぐらとなっている。はみ出さない個性が要求されている。

その中で「ついていけない」手のかかる子どもを体よく学校から排除し、フリースクールに送り込み、別空間に隔離するのだとしたら、それはとんでもない「排除の論理」である。かえって、そんな学校なら排除されるまえに、見限ってやる！という姿勢の方が余程ましではないか。もちろんそんな強気で元気な子どもは少ないのだが。

（3）　学校基準に影響されるフリースクール

フリースクールへの参加・通所日数は、学習指導要領の枠と縛りの中にあれば、所属校の指導要録上出席日数にカウントしてよいと言われている。むろん、まだフリースクールの中身がそれほど厳密に問われているわけではないから、「テキトウにやっておけばいい」ということも言えるが。

フリースクールへの参加・通所を出席扱いにするように学校へ要請したことが私もある。ほとんどが形式的な手続きで了承してくれるが、かたくなに拒否する学校・地域もある。曰く「お宅のフリースクールは、公的にみとめていないないですから」と。

出席扱いをしても、フリースクールで一体何をやっているのか、どう過ごしているのか、学校もいろいろと問い合わせてくる。なかには、「形式的で申し訳ないけれど、簡単で良いので何かそちらの活動の様子がわかる文書を送ってくださ い」という学校もある。

しかし、そもそも学校と同じように学習指導要領に従って活動できるはずもないし、そんなつもりもない。フリースクールは学校の補助機関ではない。そのことを承知の上で学校がフリースクールでの活動を把握したいという論理は、先に述べた「排除の論理」が前提に立っている。

この出席扱い問題にしても、フリースクールへ来ている子どもや親の思いが交錯する。学校へ戻ることを目標にしている親子ならば、形式的であれ、この出席扱いはぜひやってほしいことだ。また、学校へは戻らないにしても卒業・進学に向けて何か確認するものが必要で出席扱いをして欲しいという気持ちになる親子もいる。

学校だけでなく、多くの不登校の子どもや保護者は「出席扱い」について微妙な対応を迫られている。たかが出欠席、されど出欠席なのだ。

学校の制度フレームが強く色濃く社会に確立されているときに、それを無視したり、飛び越えたりすることはなかなか難しく勇気が要る。フリースクールに居ながらも、学校の制度フレームから「逃れる」ことはとてつもなく大変で、やっかいなのだ。

フリースクールに通っていても、どこかで学校＝社会とつながっていて欲しい、つながっていたいという子どもたちや親の気持ちを頭ごなしで否定することはできない。出席扱いをして欲しいということは、やはり「排除を恐れる」と言うことに他ならないからだ。

5．フリースクールは非学校化された「居場所」でありつづけられるか

少なくとも学校へ来ている子どもたちに「楽しい授業」をすることを教員である私自身は自分に課した。授業だけでなく、学校へ来る以上、子どもたちにとっては楽しくなければならない。「学校で楽しく過ごす権利」は、子どもの権利でもあると思ってきた。「明日、また学校へ来たいと思うか？」という問いへの子どもたちの答えが、私への毎日の評価だった。

学校が楽しくなくても通うべきだという鍛錬主義は、旧保守派の論理で、「今どき！？」なのだがかな

り根強い。私は、学校の教員として、楽しい授業やおもしろい授業を心がけてきたし、たとえ面倒なルーティン的な内容や習熟を必要とするような学習でもなんとか楽しくできないだろうかと考えて子どもたちに接してきた。

あるいは、さほど楽しくないことも、私自身の考える「必要性」を頭ごなしでなく、ある程度子どもたちに分かってもらうことが重要だと思ってきた。もちろんその「必要性」が理解できない、納得できない子どももいた。だが、そういう子どもたちには、せめて「しょうがないから、先生に付き合ってやるよ」程度でもいいと思った。

だから、フリースクールの子どもたちにも自分の投げ込んだ授業がうまくいくはずだと思っていた。ところがそれは単なる思い込みだった。そもそもフリースクールに来ている子どもたちは「学校の枠組み」に対する構えが消耗している。だから学習とか授業という枠組みに違和感を持つし、なじめないし、「与えられる課題」も苦痛なのだ。単につまらない授業だから不登校になるわけではない。もちろん、つまらない授業も不登校の一因であるかもしれないが。そもそも私の関わってきたフリースクールの生活の中では授業というものが位置づけられていない。

この子どもたちは、すでに学校という「集団で勉強する」中で過剰に緊張させられてきたり、「授業の意味や意義」に疑問を持ったり、「課題をこなせない、できない自分」を恥じてきたのだ。そうなると、授業への向き合い方はまずもって「拒否」しかない。

そこに私自身が学校で工夫した教材や課題を持ち込んでも、まず「逃げる」ことになる。スタッフに「子どもを信じて待ちましょう」とか、「押しつけないでください」と注意されてはじめて、勉強だっておもしろければ普通の学校のようにできると思い込んでいた自分が学校のエージェントだったことに今更ながら気づかされた。不登校の子どもたちは「学習・授業への出席」「資格のある者に教えられなければ学べない」という制度としての学校への不登校であり拒否なのだ。

まれに、子どもが勉強をやってみたいとか、ここを教えてくださいと教科書を持ってきて言うことがある。しかし、「やっと、やる気になった……」などと安易に思わないし、そこにそれほど大きなモチベーションがあるわけでもないことも分かる。たとえて言うなら、「何か食べるものないかな？」と冷蔵庫を開けたら、そこに私がいただけなのだ。

子どもたちのために、おいしいメニュー（学習）を作っても、かれらが食べたくなるほどおなかが空いているか？　という問題が残っている。いくら「分かる授業」「楽しい授業」だとしても、残念ながらそれは子ども自身が「やってみよう」とか、いろいろ悩んで「やらないとまずいかな」などと、思わないかぎり、勉強にとりくむことはないだろう。

学校はそういう意味からすると、「とりあえず出された料理（授業）は口に入れなさい」という制度である。「みんなちがって、みんないい……そんなわけないいじゃない！」なのだ。いくらおいしく栄養がある料理でも、食べたくないものは食べたくないのだ。

フリースクールが学校化にむかって、おいしい料理を食べさせようとするのか、あるいは、食べたくない自由を保障するのか。それが一つの分水嶺になるのだ。

おわりに

フリースクールは、もともと決まった形式と内容をもっているものではない。そして、反学校や非学校を前提として成立しているものでもない。フリースクールはさまざまな親の要求や社会の要請によって成立している。ただ一つ共通するのは、「学校へは行ってない・行きづらい」という条件だけである。あえてそれを「不登校」と言わず、「学ぶ場・育つ場・生活する場の自由な選択」と言ってもいい。しかし、これも時間の問題で、これからはひょっとすると学校よりも「子どもに合った能力の開発」を売りにする場所としてのフリースクールということになるやもしれない。

今ではフリースクールがオールタナティブスクール化、サポート校化してきているのだ。本来フリースクールはあらゆる教育的計画や同調圧力、集団的規律などディシプリンを排したところで模索されていた子どもの自由な異空間（アジール）のイメージによって、制度的な学校を批判していた。しかし、今や、多くのオールタナティブスクールは善くも悪くも多様化幻想をつくり出す高度産業社会に応じて変容をしてきている。

フリースクールは〝多様な自立〟を看板に不登校の子どもたちを包摂する「公然化した場所」として機能し始めている。学校化とのせめぎ合いはまだまだ続く。

第13章　映画「みんなの学校」はどう見られたか

――インクルーシブ教育と特別支援教育の分水嶺――

迫川緑

1．映画は受け入れられたが

私はテレビ番組のディレクターとして大阪市立大空小学校を取材し、映画「みんなの学校」の制作に道筋をつけた。映画化されたことで全国の人の目に触れることになり、封切から五年が経過した今も各地で上映会が開催されている。大空小学校は、誰もが安心して過ごせる場にすることを命題としていて、特別支援の対象の児童も同じ教室で学ぶ。

私がこの小学校を訪れたのは、大阪市が特別支援学校を新設すると聞き、疑問を持ったことがきっかけだった。障害児を分離するような施策は時代遅れだと思い、普通学級でともに学ぶ実践を行う学校を探していたところ、大空小学校にたどり着いた。

「すべての子どもと大人が対等に学び合う場です」と初代校長の木村泰子さんは言った。支援が必要な子は、障害の有無にかかわらない。その日、支援を必要とする子を教職員全体で見守るというスタイルだ。重い障害のある子が教室の真ん中で仲間に溶け込んでいる。学校に行けなくなってしまい、転校してきた子が大空小学校なら通えるようになる。家庭の状況が厳しい子も教職員や地域の人に見守られ、自分の居場所をなんとか確保する。

取材当初は障害児の学ぶ場の保障に意識が向いていたが、誰もが尊重される場を確保することは誰にとっても安心できる場になるのだと気づかされた。ならば一体誰が反対するのだろう。この実践はたちまち広がるのではないかと期待した。生身の子どもたちの姿を映し出したことで、映画の反響も想像以上に大きかった。文部科学省の職員向けにまで上映され、当時の下村博文文科大臣は「木村さんのような校長が全国二万の小学校に広がったら」と言った。もう障害児を分離する時代は終わった。全国の小学校でともに学ぶ実践が定着することを夢想した。だが、そうはならなかった。それどころか分離はますます進行している。

映画の上映会で各地に出向いて話をするが、映画に対する好意的な感想をもらいながらも、大空小は木村泰子さんという強いリーダーがもたらした特別な実践と捉えられているようで、ほかの地域でも同様に行うことは無理だとあきらめている人が多い。

ある上映会の後に、グループごとに対話するイベントに参加した。映画を見て、「自分が明日からできること」を紙に書いて発表しあうものだった。「笑顔で子どもに接する」「ひとりひとりを大切にする」などと自分の気構えを書く人がほとんどで、「障害児を分けない教育の実現へ」と書いた人を見つけることはできなかった。私がこの映画に込めたメッセージは「人を絶対に排除しない」、そのことによってのみ「誰もが安心して過ごせる場が生まれる」という一点だった。そのメッセージがほとんど届いていないことに愕然とした。子どもたちがのびのびと自分らしさを発揮する姿に触発されたことは間違いないようだが、今ある学校のシステムを維持しながら、大空小の「いいところ」だけを取り入れたいという本音が見えた。あるいは一般的な学校よりも大人の命令が控えめで、子どもの意見を尊重しているところに着目し、「分けない」ことは後景に退いてしまう人も多い。いずれも子ども個人の発達に重きが置かれ、社会の不公正に声をあげる力が徹底的に弱められていることがその原因と思われる。それが何に起因するのかについて考えたい。

2．日本の特殊教育史

まず、中村満紀男、荒川智編『障害児教育の歴史』を参考に、明治から現在までの日本の特殊教育の歴史を振り返っておこう。

（1）明治〜戦前までの障害児教育の変遷

幕末から明治維新にかけて、欧米の障害児教育事情が数多く紹介され、日本における障害児教育は盲・聾が先行する形で位置付けられていく。一八七八年(明治一一年)には日本で最初の障害児学校「京都盲唖院」が開院したが、財政難によって公的補助が打ち切られ継続困難となる。一方、文部省は学校制度を整えていく中で、一八九〇年の第二次小学校令で就学猶予・免除規定を登場させ、一九〇〇年の第三次小学校令で「病弱又ハ発育不完全」を猶予、「瘋癲白痴、不具廃疾」を免除にすると明確に規定した。障害児を合法的に義務教育から排除する制度が出発した。ただし盲・聾唖教育に限ってのみ「小学校ニ類スル各種学校」として教育振興の可能性を示した。

一九二〇年代に入ると、文部省は都市部を中心に「劣等児・低能児」のための「特別学級」を設置していく。この背景には優生思想があり、「社会問題や犯罪を事前に予防する」という観点から、「低能児」の発見、分離を目的とし、遺伝に対する注意喚起も行っていた。「特別学級」の設置により一般児童の教育効率もあがるという観点から歓迎され、ピーク時には四六三学級にまで増えた。しかしこれも昭和恐慌による財政難や、軍国主義の台頭により「軍事力に貢献しない」と嫌われ、一九三一年には一〇〇学級まで減少する。

また一九二五年には虚弱児童の全国的な調査を実施し、「特別の取扱」をしているのは、全児童の五・〇六%と判明、「能率」の観点から「体の強弱によって児童を分類して教育するのは極めて合理的」として「虚弱児童のための特別学級」設置も進んだ。

一九四一年には国民学校令及び省令において「身体虚弱、精神薄弱、弱視、難聴、吃音、肢体不自由等ノ別に「養護学級又ハ養護学校」を編制すべきとされ、盲・聾以外の障害児教育機関に「養護学級」「養護学校」という名称がつけられた。「精神薄弱児」に対する早期発見、早期教育の重要性が謳われはじめたのもこの頃である。そして戦時下には「国民優生法」（一九四〇年）「人口政策確立要綱」（一九四一年）などの優生主義的人口政策が取られ、約三〇万人の障害者が断種の対象として算定された。

（2）就学猶予・免除の解消をめざして

第二次世界大戦の終結後、動きが速かったのは聾教育関係者だった。彼らは聾唖教育の義務化と、聾唖学校・盲学校の分離を要求した。教育基本法制定のための教育刷新委員会が設置され、障害児教育の代表として聾教育界の要望を受けた川本宇之介が入り、戦前から知的障害児の教育に関わってきた城戸幡太郎も加わった。二人は就学猶予・免除を濫用しないよう切望し、「心身に異常があっても特別なる方法によりその能力に応じて有効なる教育を受け得られる状態にある時は、就学の義務を猶予又は免除されないこと」と提言した。しかし二人は同時に「心身に甚だしい異常があり、普通の方法にて有効なる教育を受けることができない場合は、その就学を猶予又は免除されることができる」（たとえばＩＱ50以下）と提示している。

一九四七年、盲学校、聾学校、養護学校は晴れて学校教育法上の学校となったが、就学猶予・免除規定は条文として温存された。線の引き方が変わっただけで、線そのものが存在することは容認された。また盲・聾教育関係者にとって、盲・聾児の就学を義務付けることは就学猶予・免除扱いにされないための悲願でもあり、盲学校、聾学校の建設と、そこへの就学を義務制にすることが最大の目的だった。これに引っ張られる形で、盲・聾以外の障害児についても、養護学校の義務化が「目標」とされた。解決すべきは就学猶予・免除の撤廃であるのに、障害児は別の場所で学ぶという発想が固定化しており、「どの子も養護学校に行けるように」という目標設定になってしまった。

(3) 今日に続く養護学校義務化の正体

高度成長期に入った一九六一年、文部省が出版した「わが国の特殊教育」には、「特殊教育の学級や学校が整備され、例外的な児童・生徒の受け入れ体制が整えば、それだけで小学校や中学校の普通学級における教師の指導が容易になり、教育効果があがるようになるのです」と記されている(二見 二〇一七)。分離別学は障害のない児童・生徒の教育のために必要な措置だと率直に語られた。富国強兵の国家づくりをしていた明治時代から発想は変わらず、高度成長を担う企業戦士の効率的な育成に姿を変えただけであった。

一九七〇年代に入って、ようやく「養護学校は差別と隔離の場である」という養護学校不要論が当事者運動として展開されるようになる。一九七九年の養護学校義務化に際して起きた激しい反対運動は、就学猶予・免除をどのような形で解消させるかという方法論をめぐるぶつかり合いでもあった。重度障害児が普通学級で過ごす実践も徐々に広がっており、養護学校の義務化にこだわらなくても、就学猶予・

免除を限りなく限定的なものにしていく制度設計はできたはずだった。だがそうはしなかった。

文部省の「特殊教育総合研究調査協力者会議」の座長を務めた辻村泰男は「特殊教育——分離と囲い込みの百年」（一九七二年）で次のように述べている。「特殊教育における分離主義を排斥し、普通の児童と統合して教育すべきだ、という主張を急進的に行う人々は、特殊教育は差別であり、特殊学校・学級は憲法違反だ、だから即刻すべての障害児を普通学級に帰せという。ずいぶんかっこうがいいから、障害児問題の実態を知らず、観念論を好む人には同感を誘うかも知れない。しかし、わが国の通常の学校の、通常の学級で行われている伝統的な教育の諸条件をそのままにして、いま特殊教育学校や特殊学級の囲い込みから障害児を普通学級に追い帰してしまって、一番ひどい目にあうのはいったい誰であるか。先生も困るし、教育委員会も困るかもしれないが、一番惨めな目にあうのは障害児たちなのである。なぜなら、通常の教育の普通学級の中では、ひとりひとりの個性と能力に応じる教育が十分できず、個人差を尊重するということばが単なる歌い文句に終わっていて、とても極端な個人差には応じきれないからである。」（辻村 一九七二、一〇二頁）

それまで普通学級の子どもの教育効果の観点から語られることの多かった障害児の処遇について、「それは差別だ」と訴える運動が起こったことで「差別ではなく、障害児本人のために必要な施策だ」という表現が流通し始める。本人のために必要なことだ、という論理展開は、五〇年後の今日ますますその表現に磨きがかかり、大半の人々が分離を差別と認識しなくなっている。だが辻村はこうも述べている。「たとえ看板だけでも、ひとりひとりの個人差に応じ、などいっている通常の教育が、盲児や肢体不自由児などの極端な個人差をもつ子供たちを、引きうけられない、というのは本当は恥ずかしいことであるはずなのに、堂々と締め出しができるようにし、それのみか、極端な個人差をもつ児童を通常の学校が引き受けるのはわるいことであるかのような錯覚にさえ陥らせて来た」(辻村 一九七二、一〇三頁)。

3. 特別支援教育という名の分離システム

(1) 異質な者へのまなざし

大空小学校の話に戻る。どうして特別支援の教室を作らないのか。初代校長の木村泰子さんに問うと「なぜ別の教室に分ける必要があるのか」と問い返される。障害のある児童を別の教室に移さないとできない学習とは何なのかと。一九六一年ではないのだから、「大多数を占める心身に異常のない児童・生徒の教育そのものが、大きな障害を受けずにはいられません」(「わが国の特殊教育」より[1])と表立って答える者は少ないだろう。

映画でも紹介しているが、大空小学校の開校時に印象深いエピソードがある。開校初日、六年生として転校してきた男児が体育館を駆け回った。「いい学校を作ろうと思っているのに、なんでこんな子が」と木村さんは思ってしまったと言う。彼には逃亡癖があり、学校でも家庭でも気が付くとどこかに行ってしまい、捜索に明け暮れるという日々が続いていた。そのため彼にはピッタリ担当の女性教員が張り付いていた。

ある日、いつものように脱走したものの、追いかけた女性が派手に転倒したため、彼は踵を返して戻ってきた。そして女性教員の腰をさすって「痛いね、痛いね」と慰めた。それまでほとんど言葉を発しなかった彼のその行動を、クラスの全児童が黙って見つめていたと言う。その翌日から、彼の脱走はなくなった。木村さんは、なんてひどい校長だと自戒しつつ、そのことを気づかせてくれたその日が、大空の本当の開校日だと思っていると話してくれた。クラスメイトが、彼のこの行動によって、彼に一目置いた。見方が変わった。そのことで彼はその場に自然といられるようになった。システムは何ら変わっていない。変わったのは友達と教職員のまなざしだ。

木村さんが大事にしてきたのは、学校を地域のすべての子どもが安心していられる場にすることだ。異質な者に対する特別なまなざしがある間は、その場所が安心できる場とは感じられない。いくらその子のためだといっても、障害を理由に場を分けることは、特別なまなざしを強化させていることに他ならない。クラスの誰もが、かけがえのない存在として尊重されていると感じて初めて、その安心は揺るぎないものとなる。家庭の状況が厳しかったり、問題行動が多かったり、クラスの雰囲気になじめなかったりと、特別なまなざしを向けられることは、障害の有無に関係なく起こる。だからこそ、どんな重度の障害があろうとも、場を分けられず、クラスのかけがえのないメンバーとして承認されることが重要で、誰にも分かりやすい安心材料となる。

大空小学校には、学校に行けなくなってしまった子どもたちが次々と転校してくる。取材当時四年生だったセイちゃんもそのひとりで、母親がこんな話をしてくれた。「知らないところに行って、セイが何か発言すると、みんなハッとこっちを見るんです。何?この子っていう感じで。でも大空小は初めて見学に来た時から、ふ〜ん、セイちゃんはそう思うんや、とか言ってくれてスッとなじめたんです」。

セイちゃんは転校当初、「俺、教室大嫌いやねん」と廊下に座り込んだことがあった。前の学校の教室で、彼に様々なまなざしが向けられたことは想像に難くない。一種の異端児に向けられるまなざしは、障害児だけでなくすべての子どもが対象だ。学力、能力を過度に重視する社会、同調圧力の強い学校の空気の中で、特別なまなざしを向けられぬよう、子どもたちは細心の注意を払っている。そしてその厳しいまなざしは自分自身にも向けられるようになる。

(2) 特別支援教育とインクルーシブ教育システム

養護学校義務化から二〇年余りたった二〇〇二年、就学に際しての手続きに若干変更が加えられた(学校教育法施行令の一部改正について(平成一四年四月二四日文部科学事務次官通知))。

一　医学、科学技術の進歩等を踏まえ、教育学、医学の観点から盲・聾・養護学校に就学すべき障害の程度(以下「就学基準」という。)を改正したこと。

二　就学基準に該当する児童生徒について、その障害の状態に照らし、就学に係る諸事情を踏まえて、小学校又は中学校(以下「小・中学校」という。)において適切な教育を受けることができる特別の事情があると市町村の教育委員会が認める場合には、小・中学校に就学させることができるよう就学手続を弾力化したこと。
三　障害のある児童の就学に当たり、市町村の教育委員会は専門家の意見を聴くものとしたこと。

二〇〇〇年代に入ってなお、一定の基準をクリアした者だけが地域の小中学校で学ぶことができるという学校体系を保持しており、集団の学習の妨げにならないことが判断基準であると読み取れる。

二〇〇六年には教育基本法が改正され、「障害のある者が、その障害の状態に応じ、十分な教育を受けられるよう、教育上必要な支援を講じなければならない」と一文が入った。支援の必要性を明確にしたことで、障害児教育は、排除との闘いから、個人の力をどう伸ばすかという方法論に焦点が移る。そして二〇〇七年には「一人一人の教育的ニーズに適切に対応していくことを目的」として、「特殊教育制度」から「特別支援教育制度」への転換が行われた。「特別支援」というネーミングは一見ソフトで、分離や排除のイメージを取り払い、「特別な支援」を行うというポジティブな印象を与えてしまう。だが実際はどうか。

障害者権利条約を批准するため、国内法の整備を余儀なくされた文部科学省は「インクルーシブ教育システム」という概念を打ち出した。文科省は、この概念を次のように説明している。

・障害者の権利に関する条約第二四条によれば、「インクルーシブ教育システム」（inclusive education system、署名時仮訳：包容する教育制度）とは、人間の多様性の尊重等の強化、障害者が精神的及び身体的な能力等を可能な最大限度まで発達させ、自由な社会に効果的に参加することを可能とするとの目的の下、障害のある者と障害のない者が共に学ぶ仕組みであり、障害のある者が「general education system」（署名時仮訳：教育制度一般）から排除されないこと、自己の生活する地域において初等中等教育の機会が与えられること、個人に必要な「合理的配慮」が提供される等が必要とされている。

・共生社会の形成に向けて、障害者の権利に関する条約に基づくインクルーシブ教育システムの理念が重要であり、その構築のため、特別支援教育を着実に進めていく必要があると考える。

・インクルーシブ教育システムにおいては、同じ場で共に学ぶことを追求するとともに、個別の教育的ニーズのある幼児児童生徒に対して、自立と社会参加を見据えて、その時点で教育的ニーズに最も的確に応える指導を提供できる、多様で柔軟な仕組みを整備することが重要である。小・中学校における通常の学級、通級による指導、特別支援学級、特別支援学校といった、連続性のある「多様な学びの場」を用意しておくことが必要である。

出所：文部科学省「共生社会の形成に向けたインクルーシブ教育システム構築のための特別支援教育の推進（報告）概要」（平成二四年七月二三日 中央教育審議会 初等中等教育分科会）から抜粋。

Inclusive の語義は、「すべてを含んだ」である。それならば障害のある者が地域の初等中等教育においても排除されることのない制度作りと考えるのが妥当だろう。ところが文部科学省は「インクルーシブ教育システム」という造語で新たな概念を作り出した。「同じ場で共に学ぶことを追求する」を、「教育的ニーズに応える指導を提供できる仕組みの整備が必要」だとねじ曲げ、特別支援学級や特別支援学校を用意しておくことが必要だと述べた。すなわち、ともに学ぶことは否定しないが、分離別学のメニューも同じぐらい大事だ、という考え方に、「インクルーシブ教育システム」という名前を付けた。

二〇一三年、障害者基本法が改正され、本人と保護者の意向を尊重し、可能な限り、障害のない児童・生徒と共に教育が受けられるよう施策を講じなければならないとされた。ここにおいてようやく、養護学校義務化以降呪いのようにつきまとった養護学校就学の原則が取り払われた。とはいえこれは表向きの話であり、市町村の教育委員会が就学先の指定を行うという仕組み自体は変わっていない。「インクルーシブ教育システム」の遂行がゴール地点とされているため、むしろ分離が望ましいものとして推奨される事態になっている。

(3) 教育に期待するもの

多くの人々が教育に期待するものは、子どもが「自立」できるよう、し烈な個人競争を勝ち抜く力をつけさせることだろう。個人の能力を手持ちのカードのように考え、一枚でもカードを増やすにはどうすればいいかと躍起になっている。障害児の教育も例外ではなく、例えば一般就職の少ない椅子を取り合うために、手持ちのカードを増やす教育が求められている。同世代の子どもと対等な関係を築くことより、ひとりでできることを増やす方策が重視される。健常者に近づけるという「教育的ニーズに応える」ために、大人がマンツーマン的に教え込むスタイルが好まれる。

仮に、別の場所で学んだ方が個人の能力が高まるとしよう。ならばその場合の「隔離」は容認や肯定されうることなのか。「隔離ではなく、選択の結果だ」という反論もあるだろう。だが実際は、ほとんどベルトコンベヤーのように別の道が用意される。普通学級を選択しようものなら、保護者の付き添いを強要されたり、「きめ細やかな配慮はできないがそれでもいいか」と脅されたりする。およそ選択とは呼べない。隔離である。そして、その隔離によって何がしかの能力が伸びるとして、排除や隔離を根絶するという社会正義より優先されてよいのだろうか。ところが、こんな単純なことに迷いが生じるほど、私たちは「個人の能力を高める」ことに取り憑かれている。

自分たちが慣れ親しんできた学校が、差別の装置で、不公正なものだと声をあげるのは容易ではない。自らも加担してきたことを認めることになる。卒業後の進路も含めた社会のありようはすぐに変えようがないから、そこに合わせるための個人磨きに関心が行く。確かに、ごく一部の人は活躍できるようになるかもしれないが、それだけでは障害のある人が蔑ろにされている現状は固定化されたままになる。多様性が失われ、普通学級はますます競争的で居心地の悪い空間となり、避難先としての特別支援学校(学級)やフリースクールが肥大化する。

子どもの中で子どもは育つ。いつも一緒にいるから、ちょっとした体調の変化にも友達が気づく。誰かに指示されたり、義務的にやるのではない。美談でもない。誰かがが鉛筆を落とせば反射的に拾うことと何ら変わりはない。

「障害のある子の面倒を見るのは嫌だと子どもが訴える」という類の話がよく出る。それはその子どもの納得度の問題だ。そんな風に感じるような関わり方を学級全体でしてしまっていることの表れであり、その意見をきっかけに、どうしてそう感じてしまうのか、どうすればいいのか、ともに学ぶ最良の機会である。人間のまなざしは、さまざまな背景を持つ者と友になることで大きく変わる。寛容で開かれた社会は、そうした人々のまなざしによって構成される。分けられたままでは、誰もが暮らしやすい社会は到来しない。

おわりに――不公正から目をそらし続けて

養護学校義務化から四〇年、これら一連の障害児教育施策の意味について今一度振り返る必要がある。ハンセン病の隔離政策がそうであったように、旧優生保護法による強制不妊手術がその責任を問われているように、「低能児」と蔑み、犯罪抑止という社会防衛論に立った分離教育を行い、教育効率のために普通教室から排除した歴史を直視し、過去の子どもたちに謝罪すべきだ。

文部科学省の「インクルーシブ教育システム」は、このプロセスを経ずに、障害のある子どもたちに

「力をつける」教育方法の提供で、過去の過ちをごまかすものである。教育効率の維持のために分離システムを保持しようとしているという点で、過ちは現在進行形だ。これまでは「障害」と考えられてこなかった軽度発達障害の子どもを普通学級に在籍させたり、通級指導することを「インクルーシブ」と呼ぶケースもある。重度障害児の多くは相変わらず別の場所で学んでおり、地域の学校と時々行事で「交流」する程度で「インクルーシブ」と呼ぶ。

養護学校義務化の議論は、障害児教育の問題ではなく、より大きな枠組みである義務教育制度全体の問題として考えるべきだった。公教育論の研究者・岡村達雄は、「『障害』児を排除し、就学保障することなく成り立ってきた義務教育というものが、公正さを欠いており、どのような意味でも、正当化しがたいものだという受け取り方は、『義務化』批判の展開の中でありえたのである」と指摘している（岡村一九八六、桜井智二〇一八）。

私たちは、この不公正さを訴える力をすっかり奪われてしまっている。何らかの「支援」があれば、免罪されると思い込んでいる。だからこそ、すべての子どもが、臆することなく、さまざまな体験をし、対等な人間関係を結ぶ場の保障を真っ先に求めたい。映画「みんなの学校」の舞台になった大空小学校が、ほかの学校になじめない子どもも通えるようになるのは、その不公正さに立ち向かい、決して誰も排除しないことを言明しているからにほかならない。

二〇一八年、神奈川県川崎市で人工呼吸器を装着した男児が、幼稚園の友達とともに地域の学校への入学を希望したにも拘わらず、市の教育委員会は特別支援学校の就学を通知したという事案が報じられた（神奈川新聞 二〇一八）。この小学校区に住む大人たちはどんなアクションを起こしたのだろうか。地域の宝に何をするか、男児と一緒に過ごす機会を周りの子どもたちからも奪うな、ともに学ぶ方策を探れときちんと声をあげられたのだろうか。本当にあげたなら、市教委も学校も無視できないだろう。過ちを犯してきたのは国家だけではない。それは、教育効率を優先し、能力の高い者が優位に立つしくみに疑問を持たず、目の前の子どもたちが障害を理由に別の場に連れ出される不正義を糾弾してこなかった私たち自身の過ちなのである。

注

（1）文部科学省 中央教育審議会 初等中等教育分科会（第六九回）配布資料3－3「障害者制度改革の推進のための基本的な方向（第一次意見）」「第4　日本の障害者施策の経緯　3・1960年代」を参照。

参考文献

岡村達雄・古川清治『養護学校義務化以後――共生からの問い』柘植書房新社、一九八六年
神奈川新聞「『障害児、地域の小学校で学ばせたい』　原告の両親が意見陳述」「時代の正体　神奈川新聞」（二〇一八年九月一二日配信）
桜井智恵子「公教育における『教育機会確保』という問題――1980－90年代岡村達雄の『養護学校義務化』・『不登校政策』論をてがかりに」『教育と文化』（91）、二〇一八年、五六－七二頁

桜井智恵子「自律的な『主体化』という政治的態度――学校はいかに関わってきたか」『民意研究委員会報告書――政治的態度のつくられ方の研究』教育文化総合研究所、二〇一九年
辻村泰男「特殊教育――分離と囲い込みの百年」『文部時報』(1145)、一九七二年、九四―一〇三頁
中村満男・荒川智編著『障害児教育の歴史』明石書店、二〇〇三年
西中一幸「養護学校の義務制をめぐる諸問題の考察――1979年小中養護学校に関する政令施行後の動きに焦点をあてて」『Core ethics』8巻、二〇一二年、三〇五―三一五頁
二見妙子『インクルーシブ教育の源流――一九七〇年代の豊中市における原学級保障運動』現代書館、二〇一七年

第14章
保育園からの能力主義と自己責任論への抵抗

西田浩之

はじめに

「あの子、気にならへん?」
「あの子は早めに手立てしてあげた方がいいと思うねんけど」

以前勤めていた職場で、同僚が私のクラスの子どものことについてそのように話しかけてきた。保育園という集団生活をする場で、他の多くの子どもたちとはひと味ちがう様子を見せる子どもについて、発達の検査や訓練が必要だと感じているのだ。小学校へ通うようになった際に、その後の学校生活においても、また、その後に社会へ出た時のためにも、「気になる」と感じた子については発達障害を早期に発見し、特別な支援をすることがその子にとってよいことだと思っている。

保育園で子どもと共に過ごしながら、多くの保育士がそのような考えを備えているが、これは個人のものに収まらない。ある自治体では乳幼児健康診断などを通して、保健師、臨床心理士、医師らもかかわり、保育園などと連携しながら、地域ぐるみで早期発見、早期療育がおしすすめられている。それを大人たちは「子どものため」だと信じ、「善いこと」だと疑うこともなく日々それぞれの仕事に従事している。しかし、そのような大人たちの「よかれ」は本当なのか。

多くの保育士は、発達は「よきもの」だと信じている。「できることはよいことだ」と疑うことなく、子どもの発達を保障することに使命感さえ抱き、様々な活動や行事を計画し、そのむこう側に子どもたちの成長や幸せがあると信じて日々の保育を実践する。しかし、その中で、子どもには「できる子」「できない子」のラベルが貼られ、子どもたちの生活の場が分けられる。子どもたちがそれをどのように思っているのか十分に確認しないまま様々な訓練を受けさせることも起きている。

ではどのようにして、この「発達への信仰」は続けられ強化されているのか。そして、保育の現場でどのような問題が生じているのか。本章では、まず一九六五（昭和四〇）年に策定されて以来四度の改訂を経てきた『保育所保育指針』の変遷を辿り、そこから浮かび上がる保育の役割や子どもに対する社会のありようの変化を踏まえる。その上で、保育現場がおかれてきた問題状況を明らかにする。また、個人が自立するために発達は「よきもの」と信じ続けられる能力主義が、保育現場に何を呼び起こすのかを例を挙げながら、子どもたちに強いられる個別発達支援という在り方を問う。そして最後に、保育園で暮らす日々のなかで見える、能力を「分かち持つ」ということの希望を提示したい。

1.『保育所保育指針』の変遷に見る保育の「教育化」の流れ

一九六五（昭和四〇）年、『保育所保育指針』が作成された。日本で初めて作成された『保育所保育指針』の第一章総則には、まず保育理念が示されていた。保育所は「保育に欠ける」乳幼児を保育することを目的とする児童福祉のための施設であること、保育は常に乳幼児が安定感をもって十分に活動ができるようにし、その心身の諸能力を健全で調和のとれた姿に育成しなければならないこと等である。そこには、乳幼児に対し、養護と教育とが一体となって、ゆたかな人間性をもった子どもを育成するという、保育所の福祉施設としての役割が示されていた。

その後、一九九〇（平成二）年の一度目の改訂で重要なのは、保育内容について幼稚園と同様の五領域の記述がなされたことだった。幼稚園、保育所それぞれの対象年齢は、幼稚園は三歳から就学前まで、保育所は〇歳から就学前までである。そこから保育所においても三歳以上は教育の部分では幼稚園と足並みを揃えるようにという方向付けがなされ、いわば「教育化」が進められた。

また、その第一一章「保育の計画作成上の留意事項」には、第一章に示す保育の目標が達成されるように、全体的な「保育計画」と具体的な「指導計画」とからなる「保育の計画」を作成するということが挙げられた。

ここでは、新しく「保育計画」と「保育の計画」という文言が加わり、この「保育計画」と「指導計画」は、『幼稚園教育要領』における「教育課程」と「指導計画」に相当するものと位置づけられた。

次の一九九九（平成一一）年の二度目の改訂では、児童福祉法の改正に対応して、地域子育て支援の役割が明記された。核家族化の進展、地域のつながりの希薄化、共働き家庭の増加、兄弟姉妹の減少など、子どもの育ちをめぐる環境が変化してきたこと、さらに家庭の教育力の低下ということが問題視され、保護者支援の重要さが押し出された。加えて『幼稚園教育要領』に倣い、「生きる力の基礎を育てる」や「自然体験、社会体験の重視」等が記述された。

そして、二〇〇八（平成二〇）年の三度目の改訂では、それまで行政上のガイドラインとしての「通達」であったものが「告示」化され、内容も大幅に変更されて「大綱化」された。このとき、すでに多忙であった保育士の労働は、保育の質の向上のためにさらに過剰になり劣悪になっていった。そのため、その問題について現場の保育士たちが声をあげていたことが記録に残されている。以下、保育学会での具体的なやりとりを見てみたい。

「伊藤亮子氏は、規制緩和の流れの中で保育の市場化が進み、現状でも不十分な『最低基準』ですら見直しが進んでいる現場の状況で、改定指針の言うような保育が実現できるのか」と、問題提起をしている。それに、フロアの保育士たちが呼応した。「保育や子育てを取り巻く環境が大きく変わる中で、要領・指針で述べられている保育を実現していくためには、現場の保育条件を改善していくことが強く要望される。」「保育実践の見直しのために、園内で実践検討の会議を持とうとしても、非正規の職員が半分以上を占めるような現状では、とても困難な実態がある。」

そして、次のように応答は続く。「この問題に学会としては保育の現場の困難な状況、親の困難な労働・生活条件、そのことの子どもへの影響をきちんと客観的に分析して明らかにし、学会から発信していく必要がある」[1]というものである。

しかし、こうした問題提起はそのままに放置された。近年四度目の改訂である二〇一七（平成二九）年三月の告示がなされた。翌年四月一日より施行されるまでの間に、保育士にむけてその周知がなされるための研修会で強調されていたのは「非認知的能力」であった。

ＩＱで測れる力ではなく、「目標に向かってがんばる力」「人とうまく関わる力」「感情をコントロールする力」などの目に見えない力が重要だという。アメリカで行われているペリー・プリスクールの調査によって「非認知的能力」を身につけた子どもは将来収入、持ち家率、高校卒業率が高く、そうではない子どもについては将来犯罪率、離婚率、生活保護受給率が高くなるというデータを示して語られる。こうして近年のグローバル市場に適合的な汎用的能力を身につけることが、政策的に促されるようになった。

また、「育みたい資質・能力」「幼児期の終わりまでに育ってほしい一〇の姿」という子どもの目標像を立て、「非認知的能力」「社会情動スキル」の獲得のために、より乳幼児期の教育が重要だとうたわれる。保育所は「幼児教育を行う施設」であるとはっきりと記され、幼稚園、幼保連携型認定こども園と同様に「幼児教育」を行うことが強調された。

家庭保育の補完としての役割を担ってきた保育所が、上記四度の『保育所保育指針』の改訂を経て「教育」の強調がなされ続け、今日では、子どもたちが暮らす保育所という「生活の場」は、「教育の場」としての性格を色濃くしている。そのなかで保育所から社会福祉機能が見失われ、英語、音楽、体育、食育、自然教育など、その領域は何であれ、個々の子どもに力を身につけさせることを目標に、教育機関としての保育がすすめられている。大学の教授が「ＯＥＣＤ」や「コンピテンシー」というワードを用いて、保育が経済に直結するような語り口で能力主義を論じる今の社会にあって、保育士はますます「発達」の重要性を信じ、専門家でない保護者たちも「発達」を「よきもの」として語るようになっているのである。

2. つくられる発達障害児

以上のような変化を受けて、保育現場はどうなっているだろうか。多くの子どもと共に生活をするなかで、保育士が頻繁に言葉にするのが「その子の発達に応じて」だ。「〇才だから、～ができる、～ができないといけない」と発達段階の押しつけはせず（結局は押しつけていることは多いのだが）、個々の発達に応じて対応し、保育をすすめるという。しかし、そこに子ども本人の意思が尊重されていないケースは実に多い。

四才で入園してきたＡくんは、食事や排せつ、着替えなど、身のまわりのことはすべて他者の介助を必要とした。手足や頭はかろうじて動かせるが首はすわっていない状態で、一日を車椅子か寝転ぶか、保育士に抱っこをされて過ごしていた。

この園の幼児クラスでは、毎月一度園外活動をするのがきまりになっていた。近くの公園や里山に出かけ「自然の中で遊び、その積み重ねによって自然への親しみや自然を大切にする心を培う」というのがねらいだ。近くとはいえ、里山まで行くには子どもの足で二五～三〇分はかかる。道のりの途中には長い坂道もあり、車椅子で行くのは難しい。では、Aくんはどうするか。

○○ぐみの子ども二十数人はリュックサックに荷物を詰めて背負いみんなで出かけ、Aくんはクラスで一人だけ留守番をする、それが、当時その保育園でなされたAくんに対する「特別支援」だった。

Aくんは「障害児」だ。しかし、保育士は「障害児」という言い方はせずに「○○さん」と呼ぶ。特別支援学級が「なかよし学級」や「ひまわり学級」などと呼ばれるように、障害児保育を「○○保育」と呼ぶため、それにあたる子どものことをソフトな感じで「○○さん」と言う。

「みんなちがってみんないい」と、どんな子どもも一緒に過ごすのが当然のようにいいながら、他方では障害がある子どもには「○○さん」と他の大勢の子どもとは分けて接し、一緒に過ごしているようにみせて実は分けている。まるでインクルージョンを語るようにして差別をしている。そして、それに何やら響きのいい呼び名をつけて正当化する。保育士自身がそのシステムにどっぷりと浸かり、「○○保育」を疑うことはない。むしろそれは子育て支援であると胸を張る。障害に基づき子どもを分離、排除または制限をしながら、聞こえのよい言葉をつけて、その実態を見る目を曇らせているこのしくみは滑稽だ。

園生活の真ん中にあるのは、自然に親しむ力をつけることなどを目的とした活動や行事であり、子どもの多様さや子どもの声はそこにはない。目にみえない力を子どもに身につけさせようとすることを第一義とする能力主義の保育では、特定の子どもに対する「特別支援」というものはひどく乱暴になる。「がんばればできる」という能力主義に支配される生きづらさは、障害のある子どもだけの話ではなく、どの子どもにとっても同じくいえることである。

その中で特にとり上げられるのが、知的障害はなく、だが保育士にとって扱いづらい、集団の規律を乱しがちな子どもたちだ。みんなと一緒に絵本を読めなかったり、基本的生活習慣が身についていなかったり、大人が思うようにコミュニケーションがとれないなど、そのような子どもたちを、保育士は「気になる」あるいは「グレー」という。障害がない子は白で、障害がある子は黒と、「発達」ということについて十分に考えられることもないまま、子どもを白と黒で色分けしている。そして、「グレー」といわれる子どもは、保育士が「発達の専門家」へ相談をし、その専門家のアドバイス等によって発達検査を受け、実年齢と発達年齢の差を数値でつきつけられる。必然的に多くの親は不安を覚え、専門家たちのすすめにもよって療育を受けさせることになり、アスペルガー、広汎性発達障害、自閉スペクトラム症などの診断名をあてられ、保育園では「特別支援」がすすめられる。

いま、多くの保育現場で「気になる」「グレー」という表現を使いながら、子どもを「白でないもの」に振り分けている。そのようにして発達障害児はつくられ、クラスの場にあわない子どもには「特別支援」を行ってソフトに分離をすることで、子どもが多様さを認め合い共に暮らす経験と、他者に対する寛容さを育て合う契機を奪っている。子どもを白黒で分けようとすることのなんと失礼なことか。敢えて色で表すとしても、子どもが一〇〇人いれば一〇〇色の色がある。そして、人との出会いや交わりが、また新たな色を織りなしていく。本当はその喜びを私たちはよく知っているはずなのに、「発達」はその色を見えなくさせる。白と黒とグレーではない、子どもはみんなカラフルだ。

国際障害者年行動計画には、「ある社会がその構成員のいくらかの人々を締め出すような場合、それは弱くもろい社会なのである」と掲げられている。また、山下恒男はいう、「障害者の発達を保障する（と称するところの）様々な施設や特殊学級などの設置の動機や実態をみるなら、それが社会の進歩（生産性の確保）の為の分離や収容以外のものでないことは明らかである」「しかも、障害者として対象化されるのは、個人の生産性が低いか、社会の生産性を阻害する存在とみなされるかのどちらかの場合である。このような場で保証される発達とは、無能力者としての自己確認を迫ることになるような死んだような生の保証でしかない」とある。

あからさまに分離をしていた時代から、個に応じて「多様に分ける」というかたちでソフトな分離をするのがいまの子どもたちが暮らす社会だ。能力主義によって発達の個別支援が強化され、またそれが能力主義を支えていく回路に嵌っている。多くの保育現場で保育士たちが、そのような子どもとの生活の在り方を疑うことなく、使命感をもって保育を行い、正当化している。

3．子どもを分断する保育士を分断する自己責任論

ここまで述べてきたような能力主義の保育風土にあって、自己責任論もまた強化されている。たとえば、保育現場では「クラスの子どものことはクラス担任が責任をもって」「係や当番は各自が抜けることのないように」など、一人一人が各自の責任感を強くもち保育をすべきだとされる。もし、目が届いていなかったり、うっかり忘れたり、クラスの子どもにうまく対応できないなどということがあれば、その責任は保育士個人に対して強烈に追及される。

ある保育園では、園長や主任、または先輩保育士といった権力のある人間が、部下や後輩に対してクラスの子どものことや保育のことを「担任（担当）としてどうしたいの？」「あなたのクラスでしょ？」と迫る。そのように課題を自分一人だけに押し付けられた保育士は、困難に直面した際、どうすればよいかわからずに力を失っていく。

たとえば、一才児クラスの子ども一八人を三人の保育士で担任していたクラスのケースを紹介しよう。ここでは一八人の子どもについて食事や排せつなどを六人ずつの三グループに分けて行う方法をとっていた。「担当制」という保育の手法で、特定の保育士とのかかわりを通して子どもが愛着をもって安心して過ごし、こまやかな援助によって基本的生活習慣も身についていく、というものだ。その際、あるグループの子どもに手のかかる様子が現れてくる。Bちゃんは食事の際に自分ではあまり食べようとせず、行儀もあまりよろしくない、機嫌が悪くなると大声で泣く、そんな様子に担当保育士は働きかけるが、

Bちゃんの気質や昼ご飯時の眠さなどもあって、Bちゃんはほぼ毎日大声で泣く。そのようなBちゃんの姿について困った若手の保育士が、意を決して先輩保育士などにアドバイスを求めた際に返ってくる返事が、「担当としてどうしたいの?」だ。

経験年数の浅い保育士が子どもの姿に困り、「どうすればよいかわからない」から訊ねているのだが、先輩としての知識や経験からBちゃんのことについてなにか提案するということもなく突き放す。年長者としての協力や、共に働く者として責任を分かち持つという考えなどはそこには存在しない。このように保育の基底に自己責任論を強くおくと、周囲との関係は閉ざされ個人の努力を求め続けることとなる。過剰な労働と自己責任論によって、保育士は子どもがみせる不安定さや、それに対する周囲の評価を気にし過ぎることで、かえって自身も安定を失い、力をなくす現状がある。

そのような状況に問題を感じながらも「しかたがない」と諦める保育士はいる。周囲の人に「たすけて」ということもできず、自分に力が足りていないとか、自分ができていないと思わされ、自分で自分を監視して、自らを責め病む。そのような場では、子どもでも大人でも他者との関係は信頼ではなく監視し合い、責任からは逃れようとして、ついには他者を責め、排除さえすることにつながる。

今回の事例については、担当制保育がダメなのだというのではなく、担当制という手法を選んだことで、保育の責任や労働をことさら保育士個人のものに閉じ込めてしまう構造に問題があることを指摘したものだ。

4. 奪われたものを取り戻す問い

人々の生活を支える労働が、農業、漁業から近代以降には急速に工業化に場を移し、そして今、サービス、情報産業、グローバル化へと変わってきている。このなかで、個人が求められる能力はその様を変えながら、子どもたちは「がんばればできる」と言われ続けている。能力主義の社会にあって、個人ががんばることで自立することを当然視する風土では、障害のある子どもは健常児と分けて特別の教育をしてあげる方がいい、また、教育（社会）の側からのニーズに合わない子どもについては、ニーズに応えられていない理由を早期に発見し、そこに発達障害があるためだと診断し、個別支援の手立てをしよう、というのが社会的合意になりつつある。

人々が分けられる暮らしは、子どもたちが共生する機会や寛容さを育む場を奪い、優生思想まで刷り込んでいく。能力主義と自己責任論が支配する社会にあっては、保育士は子どもを個々に分断するエージェントとしての役割を負わされ、自らも分断されてしまう。保育士が備えてしまった自己責任論は根強く、その個人化された生き方は保育士から子どもへと伝わっていく。

仕事にやりがいを感じながらも、その仕事をやめたいと思っている保育士は実に多い。子どもと共に過ごす時間は楽しいはずなのに、保育が楽しくなくなってしまっているのだ。だから、保育現場が多忙さで埋め尽くされ、ますます過酷になっていく現状にあって、私たちが安心し、安定して子どもたちと共に居るために、子どもたちとの暮らしからゆたかさを奪われてしまっている構造を問うていきたい。

そのために、能力主義の思想にどっぷりと浸かり、保育士みずからが強めてしまってさえいる個別発達保障の過剰さをゆるめることが必要である。そして、多忙さを諦めて受け入れることに抵抗し、責任も力も「分かち持つ」人間の在り方にこそ目を向けるのだ。

おわりに――「分かち持つ」保育に立ち返る

最後に、私が出会ってきた希望のリアルを紹介して終えたい。

ある年に担任した年長児クラスに、発達検査によって「発達としては軽度域の遅れを認める」とされた男の子Yちゃんがいた。彼は家族とはよく話すが保育園ではほとんど話すことはなく、いわゆる場面緘黙であった。また、気に入らないことがあると棚や椅子をひっくり返し、物を投げつけ、感情をあらわにした。周囲の子どもとかかわらず、彼のための加配職員としておかれた保育士とのみ接し、いつも一人で過ごすことを選んでいた。

その彼を含めた年長児クラス二三人の子どもと、加配のパート保育士と私の二人の大人での生活は、Yちゃんを分けないことを原則とした。Yちゃんと加配保育士はセットではない。子どもも大人もみんな同じ、さくらぐみの一員だ。

年度がはじまってしばらくはYちゃんの関係はまだ閉じていた、物への当たり方も強烈だった。しかし、徐々にYちゃんの暮らしは加配保育士との二人のものから開かれ始め、夏が終わり、秋が過ぎる頃には、遊ぶ時も様々な活動においてもクラスの仲間と共に居り、年が明けた頃からは随分おしゃべりになっていた。卒園までの数ヵ月間は、物を蹴ったり投げつけたりすることもなく、彼の心はすっかり安定しているようだった。Yちゃんは、自分が暮らす場所であるさくらぐみに安心できた時に、それまで閉ざしていた自身の言葉や心を解放した。

また、後輩保育士と共に二歳児クラスを担任した年、年度末が近づいてその一年を振り返ることがあった際に、その後輩の保育士は「今年度は自分がやさしくなれた」と話した。「食事は残さず、きまった時間までに食べさせないといけない」と思い込んでいた彼女は、一歳の子どもに毎日のように怒り、食事の時間が憂鬱で、自身が安定していないことを自覚していた。しかし、担任同士でクラスの課題を整理し、子どもにとって食事はどういうものか、ということをよく考え、管理的な生活、しつけなどから離れ、子どもの声を聴き共に過ごすなかで、彼女の心はやわらかくなっていた。二歳児としての発達を子どもたちに求めるのではなく、一人一人が自分のままでよく、子どもたちといかに楽しく過ごすかを考える日々のなかで、楽しくなくなってしまっていた保育は、再び楽しいと感じられるようになっていた。

子どもたちの世界は、いつも生き生きとして新鮮で美しく、驚きと感激に満ち溢れている。しかし、その子どもでいられる限られた時間に大人たちは「よい暮らし」のためと信じて、子どもを教育し、発達を保障しようとする。子どもたちは仲間と共にいることや遊びを奪われ、「将来のためになる」行事や活動、「特別支援」を強制される。大人たちは多忙さに思考停止し、あきらめ、過剰な労働や責任を受け入れてしまっている。まるで「灰色の男たち」に人々が時間を奪われたように、子どもも大人も追いたてられるように日々を生きるあやうさを、ミヒャエル・エンデはずっと警告していた。

一人で自立して「できること」ではなく、ただいるだけで価値があるという安心感は、わたしたちに奪われた関係や力を取り戻させる。子どもや保育士が、そんなにも自分で自分を責めないですむ。子どもを「特別支援」することでうまれるのは「自立」ではなく人と人との関係の「分断」である。様々な人が共に生き合う中で生じるのは「迷惑」ではなく多様さの「承認」である。能力も責任も分かち持ち、「できること」ではなくその「存在」を認め合える在り方に立ち返れば、個々に分断された人々の心はきっとやわらかに、命はもっと鮮やかになる。

注

（1）日本保育学会『保育学研究』第46巻第2号、二〇〇八年、二〇一―二〇二頁

参考文献

石川憲彦監修『ちいさい・おおきい・よわい・つよい　こどもの精神科医・心理士がこたえる発達障害をめぐる19の疑問』Number.114、ジャパンマシニスト社、二〇一七年

ミヒャエル・エンデ『モモ』岩波書店、一九七六年

レイチェル・カーソン『センス・オブ・ワンダー』新潮社、一九九六年
国際連合「国際障害者年長期行動計画」、一九七九年
桜井智恵子「(多様な)教育機会確保法案が招く新自由主義の学校制度」『福祉労働』第150号、現代書館、二〇一六年、十六—二六頁
山下恒男『反発達論』現代書館、一九七七年
余公敏子「保育所保育指針の変遷と保育課程に関する考察」『飛梅論集』第十一号、二〇一一年、四一—五七頁

第15章

教育支配からの逃走、戦略はゾミアが知っていた

——伊藤書佳

1. 俺が康治で、康治が俺で

「俺が康治で、康治が俺で」。ここでいう康治とは、障害児の教育に適当とされた養護学校を拒否して普通学校就学運動を闘った「金井闘争[1]」の当事者、金井康治である。ここでいう俺とは、人材となって社会に配分される装置としての普通学校を拒否して市場ではない社会へ逃走した筆者である。二人はともに一九六九年に生まれ、「障害児」と「健常児」に分類された。二人はともに、国家の用意する能力に応じた教育を拒否した。

学校に行かない子どもたちと普通学校へ就学したい障害のある子どもたちは、これまで直接共闘することはなかったが、同じ問題をともに闘っていたのである。

康治の意志について丹念な分析をこころみた末岡尚文[2]は、康治がタイプライターや文字板によっておこなった発言の「ともだちがほしい」、「みんなとおなじにんげんだ」から、みんなと同じ学校に行きたいという願いに着目している。また金井闘争の意義を「障害児にとっての普通学校就学の意味は、教育的効果の次元のみには還元されない。障害があろうと他の児童と同じ学校に通うという行為そのものが、差別に抵抗すること」だと導く。

末岡の着目に加えて重要なのは、康治が通うべき場所とされた城北養護学校に行きたくないと訴えていることだ。

はなはたひがししょうにはいりたい。
じょうほくにはいきたくない。
(中略)きんじょのともだちとはなはたひがしへいきたい。おんがくをおしえてもらいたい。ぼくは、ともだちがほしい。ひろしやりょう(弟たち—引用者注)と、けんかもするけど、ともだちともけんかをしたりして、つよくなれたらいいな。なくときもあるけど。
じしゅとうこうをしてて、すこしはともだちはできた。でも、いなくなった。けんちゃんはひっこしたし、ともだちはいないし、せんせいもこない、つまらない。ともだちにあそびにきてもらいたいし、ぼくからもいきたい。（中略）なんで、ぼくだけががっこうにはいれないで、ほかのともだちがはいれるの。わからない。きょういくいいんかいのおじさん、ねーおしえて、しゅうかいにきたひとたちもおしえてね。(3)

ぼくは、かないこうじです
6がつで12さいになります
じょうほくにはいきたくない
むりやりやらせる　くんれんがきらいだった
うちで　くつしたをぬいだり
　いすにすわったり
　せんめんじょにたったり
　ずぼんをぬいだり
ぼくがやりたかったからできた
おとうとのやるのをみてて　できるようになった
（中略）
ぼくは　ともだちをつくりたい　そして

きゅうしょくをたべたり、あそんだり、べんきょうしたい、なかよくなりたい
ぼくはにんげんだ。なきむしだけど
つよくなって　あるきたい(4)

康治の「じょうほくにはいきたくない」は、筆者の「学校には行きたくない」と同じ叫び、拒否である。康治は、養護学校を拒否して、養護学校から逃走するために、弟たちの通う花畑東小学校へ転校したいと一九七七年から八二年までの六年、自主登校という闘争をつづけた。そのさなかの一九七九年、養護学校義務化によって障害児の分離別学体制が確立した。それでも暑い日も寒い日も毎日、校門の前に介助者と車椅子で出かける。学校はトイレも使わせてくれない。小学校への転校はかなわなかったが、花畑北中学校へ入学する。


筆者は一九八九年、一度だけ四時間、話を聞かせてもらったことがある。(5)

足立区の花畑団地にある康治の自宅を訪ねた。

康治は全日制高校の二年生、一九歳だった。

介助の人はその場を離れ、康治も筆者に背を向けて何かしている。用事があるのだろうか。三十分はゆうに沈黙がつづいた。このままでは、まずい。こちらから話しかけなければ。そう思って康治に近づいて、「あの、今日は学校の中での話を聞かせてほしいのです」と言った。康治の大きな目がこちらを向

いて、うなづいた。高校での康治には、友だちはひとりもいなかった。

「くちをきいたことがない。はなしかけても　むしする」と文字板をさした。

「いじわるされてるの？」

「こえを　まねたりする」

「中学のときは？」

「1ねんから2ねんのこうはんまで　ぜんめんむし。2ねんのおわりに　さとうこうじくんというともだちができてから　いじめられなくなった」

あとから知ったことだが、全面無視をされていた間、康治は登校拒否をしている。さとうこうじくんとの出会いは康治にとって大事なものだった。

さとうこうじくんが出ていると言われ、康治がこれまで取材されたテレビ番組のビデオを見せてもらった。全日制高校に康治が合格したことを受けて、「当然ですよ」とさとうこうじくんは語っていた。テレビの中で、康治に会っていろんなことがわかったと話すさとうこうじくんは、高校在学中に亡くなったそうだ。自死だった。同じ番組で、康治の高校のクラスメイトもインタビューに答えていた。最初は障害があるのにがんばってえらいなと思ったけど、実際クラスにいても努力してるように見えない。手伝う気になれないという声が流れる。

「ずいぶんすごいこと言われてるじゃないか、康治」と言って、介助の人が話に入ってきた。

「康治はどうして普通高校に入ったんだ？　前は定時制に通ってたんだろう？　普通高校へ入るための

協力要請に行って『友だちがほしい』って言ったら、そんな理由じゃ協力できないって言われたんだろう? 実際、高校で友だちなんてできてないし、康治も作ろうって努力してるように見えないしな。やっぱり自分ではたらきかけないと仕方がないだろう。もうすぐ二十歳なんだしな、康治自身のやりたいことを見つけていかなくちゃ。それは高校に行くことだけじゃないと思うんだよ」と、康治に語りかける。康治も筆者もその言葉を黙って聞いていた。「あなたもせいぜい康治の実際のことを暴いてくださいよ」と筆者に向かって言い置くと、その人は帰って行った。

康治が起こした闘争の意味を理解していた人間は、いったいどれくらいいたのだろうか。

しーんとした部屋で康治と筆者は再び話し始めた。康治は、友だちができない理由を自分の努力の問題に還元しなかった。

「そもそも　がっこうが　ないほうが　いい。てんすうで　ふりわける　そのはんどうで　いじめ　とかがでてくる」「がっこうに　ながくいたくない　くらす　の　ひとたちと　いたくない」

ここで注目したいのは、学校がないほうがいいという言葉ではない。点数で振り分ける反動でいじめがでてくるという康治の見解だ。自分がいじめられるのも構造の問題であることを見抜いていた。康治は、普通学校が子どもにとっての生活の場であるより人材養成の場に傾きすぎていること、子どもをひとりの人間として尊重する場所になり得ていないことを、わかりすぎていたのである。

圧倒的に不足していたのは、学校を生活の場として位置づけ、点数や能力で人を振り分けることから遠ざける社会の側の努力であった。

一九九九年、康治は三〇歳で急逝する。

2. 拒否＝自律＝逃走＝闘争

筆者が学歴や能力を必要とする市場社会に抵抗して生きようと決めたのは一九八四年、一五歳だった。当時参加した座談会(6)で、自分で稼いで自立しなければ一人前とみなさないという考え方に疑義を呈している。

「中卒より高卒、高卒より大卒の人が、職業の選択の幅が広いなんて、おかしいと思うから。そんなの学校出てるから出てないからなんて関係ない。そうなってる世の中がおかしい」と言いながら、しかし、能力や実力があるものが自由に仕事を選べて収入が高くなるということを望んでいるわけではないとして、「例えば、人それぞれできることも違うと思うし、同じ時間でやれる量も違うと思うし、……沢山のものを運べた方がいいのか、ちょっとしか運べない人は駄目なのか、そういうの分かんないしね。だから、私が生きてて私が食べてるものとか、私に関するものは私が全て責任を負って、今の世の中はお金がないといけないから、私が生きて行くに対してのお金は私がまかなうっていうのが、本当に自立したことなのか分かんない。……だから、無理をして自分のこと全部自分で養おうって思えなくて……、ていうか私のできることはするけど、そんなに無理をしたくない」と主張した。

学校で学力という能力を高め、経済成長に資する人材として育成され、その能力に応じて社会の市場のどこかへ送り出されることを拒否した筆者は、学校に行かないなら働いて自立しろと迫る人びとや進学もしくは労働といった二択言説からの逃走も試みていた。当時は、社会の中に市場の論理とはちがう空間、場所、人びとの集まりが今よりもあり、大人と子ども、学校に行っている子と行っていない子が混ざり合って議論したり、いっしょに過ごす機会があったため、「高校にも行かない、働くのもいや、なんでもかんでもいやいや言うなら、無人島で暮らせばいいいじゃないか」などと揶揄されながらも、人びとの間で生きることとなった。また、筆者が居たのは市民運動の場であったが、当時は学校に行かない子どもたちの逃げ場としてのフリースクールやフリースペースが誕生し始めた時期でもあり、学校外の子どもの居場所に助けられた登校拒否・不登校の子どもたちも少なからずいた。しかし現在、学校外の子どもの居場所であったフリースクールが、学校教育機関の一つにつらなる施設と化す状況が生まれている。養護学校義務化から三八年後にあたる二〇一七年、「教育機会確保法」成立によって不登校の子どもの別学体制が制度化されたからである。学校から逃げ、国家の人材となることを身体で拒否した者たちが、国家の教育制度の内側に囲いこまれようとしている。

登校拒否を管理社会への抵抗だという小泉零也(7)は、小学六年生のときに国立国府第病院の児童精神科病棟へ強制入院させられ、脱走した経験をもつ。一九九一年、かつて小泉を強制入院させた担当医の渡辺位へ宛てた手紙のなかで、渡辺が登校拒否を理解するようにはなったのに、社会人として自立できないことへは理解が薄いと指摘している。小泉は、学校へ行けないことと社会で自立できないことは同じことだと説明し、資本主義社会に適応できない自分を自分で肯定するに至った。

「子ども時代、登校拒否をして以来、学校へはどうしても行けなかったように、大人になってからは、どんなに頑張っても自活できるようになれず、ついに力尽きて、心身ともに衰弱し果ててしまったのです。いったいこれはなぜなのか。自分の弱さのゆえなのか。甘えの気持ちがあるからなのだろうか。あるいは渡辺先生が言うように、自信のなさが原因なのか。僕は悩みに悩みました。そしてようやく、その理由が見えてきたのです。登校拒否の原因は子どもの弱さにあるのではなく、生徒を人間扱いしない今の学校に問題がある、と渡辺先生はおっしゃっていますが、僕が社会人として自立できないのも、それと全く同じ原因によるものだということがわかってきました。決して僕の自信のなさに原因があるのではなかったのです。すなわち、人間を人間扱いしない今の社会そのものに問題があったのであって、僕の体と心はそれに対して知らず知らずのうちに拒絶反応を起こしていたのです。

（中略）

人間性が疎外されている資本主義一点張りの今の社会にこそ、問題があります。社会人になるためには、自分らしさ、人間らしさをすべて捨て去り、競争の世界に身を置かねばならないのです。さらに真理を言えば、資本主義の競争社会に子どもを適応させるために、学校では画一主義の管理教育が強化されており、子どもたちは息を詰まらせて、感受性の強い子は登校拒否になり、反抗心の強い子は校内暴力を起こすようになってきているのです。社会がおかしいから、学校もおかしくなっているというわけなのです。」(8)

「学校に行かなくても大丈夫」というのは、「働かなくても大丈夫」という言葉とセットで語られなければ、救いになり得ぬ言葉であった。小泉もまた、人間としての自分が疎外される社会構造自体を問いつづけている。

しかし、資本主義の競争社会に子どもを適応させようとする国家の教育は、臨時教育審議会以降、着実に学校の枠を超えて社会のすみずみへ拡張を進めてきた(9)。

二〇一九年五月二三日、政府の規制改革推進会議でＩＣＴ＝情報通信技術を活用した教育の在り方などを検討している作業部会が、義務教育への通信制導入を提案した。「ＩＣＴなど最新技術を使って、子どもたちに対して個別に最適化された授業をおこなうことが必要だ」という(10)。

教育機会確保法施行三年後の見直しが迫るなか、不登校をめぐる状況も刻々と変化している。

二〇一九年五月、不登校生徒のネットスクールとしてクラスジャパン小中学園が開校した。ホームページのトップには「ご存知ですか？　学校を休んでいても、自宅でしっかりと学ぶことができれば、学校に出席したことと認められるんです」と言葉が踊っている。

二〇一九年五月一六日に開かれた「超党派フリースクール等議員連盟・夜間中学等義務教育拡充議員連盟」の合同総会では、教育機会確保法三年後の見直しに向けて「個別学習計画」の復活が提案された。

合同総会には関係省庁として文科省のほか、経済産業省の「商務サービスグループ　サービス政策課長教育産業室長」である浅野大介も顔を覗かせた。浅野はプログラミング教室・ロボット教室検索サイト「コエテコ」のインタビュー取材で(11)「「教育は文科省だけが所管している分野」とは思っていないんです。

文科省もやるし、経産省もやる。学校教育という観点では文科省が一生懸命頑張るけど、学校の先の「出口」である経済・産業の中で活躍できる人をどう作るかという観点から教育サービスのイノベーションを仕掛けていくのが経産省」だと語り、「究極のところ、学校に一日も行かなくたって構わないんですよ。ですが、いまはそこがゴールとして設定されているので、経産省や文科省、そして他の役所も協力しあいながら、今はまだ受験産業や習い事産業である教育産業に、「真の能力開発産業」になっていただくための応援をし、それが学校教育や地域社会や産業界全体と結びついて、本当に日本の能力開発の現場が変わっていく」ことを目指すと主張する。

浅野が豪語する前から、日本の教育は経済産業と強く結びつき進められてきた。(12) 人的能力開発政策によって政府と財界主導で教育計画が進められ、一九六三年の経済審議会人的能力部会答申『経済発展における人的能力開発の課題と対策』では「教育においても、社会においても能力主義を徹底する」ことが打ち出されている。また、一九四九年の職業安定法改正以降、学校と職業安定所の協力関係が強化されたことで学校を卒業したら即市場社会へ送り出される仕組みも整っていたことから、中卒→高卒→大卒と学歴によってそれぞれの社会階層に人びとを配分することを容易にさせた。そして、この学歴のコースから外れたものが最底辺労働を担うことにもなったのである。

3. 日常に出現させる「無国家空間＝無教育空間」

能力を開発して活躍できる人材となることを拒否し、能力がある／ないなどとかかわりなく人間として生きたいと望んだ者たちが、康治や筆者、小泉零也をはじめとする障害児と登校拒否・不登校をした子どもたちの中にいたのであったが、拒否という闘争を阻む状況はここまで見てきた通り深刻化している。障害があってもなくても、学校に行かなくてもひきこもっていても、それぞれに合った方法でそれぞれに国家の教育を受ける機会が用意され、たとえ労働につながらなくても社会的自立を目指す仕組みに囲い込まれる。その囲いこみを求める声が、かつては拒否の闘争を繰り広げる子どもを国家からかくまう一端を担えた市民の活動からも拡大している。第7章で岡村が指摘するとおり、「子どものありのままを認める居場所」は、教育と学びのための場に変容を遂げた。

とはいえ、「子どもの居場所」の思想と子どもたちの拒否と逃走の思想にははじめから大きな隔たりがあったといえよう。今後は、人材と認められない人間の生存を脅かす国家であること自体を問う人びとの蜂起が重要となると同時に、拒否と逃走による闘争の可能性はいっそう模索されることになろう。

この逃走を可能にするための戦略を知るのは、ゾミアである。国家を避けようとしたり、国家によって排除され避難した人びとと、ゾミアである。ゾミアとは東南アジア大陸部の五カ国と中国の四省を含む広大な丘陵地帯を指す新名称で、標高三百メートルからところによっては四〇〇〇メートル以上に位置する山地地帯に数百の民族集団が点在する。ゾミア人とひとくくりにできないほど多種多様な人びとに共通するのは、国家の収奪にできるだけ抵抗できる形態で暮らすということである。そのため、国家の文化や慣習、規範には同化しない。たとえば、階級に対する徹底的な拒否、非識字、「自己周縁化」、「自己野蛮化」といった、あえて文明から物理的・文化的に距離を置くかのようなあり方も採る。また、平等主義のもと、女性の地位が一般に高く、敬語も存在せず人に頭を下げることもなく、子どもも大人も対等に存在しあう集団もある。常に移動しているわけではないが、再び逃げる必要が生じれば柔軟に場所を変え、分散もする。国家と距離をとり、関係を完全には断たず、逃げる。

二〇一九年の日本でゾミアになるとは、意図的に普通教育や学習から距離をとるということである。一人ひとりのニーズに応じた個別学習計画もオルタナティブな教育も拒否することである。学校外の教育支援施設と化したフリースクールや子どもの居場所を後にすることである。そして、「無国家空間＝無教育空間」を出現させることである。大人と子ども、ケアするものとされるもの、支援するものとされるものといった関係から外れて寄りあう、生きあう空間を出現させることである。能力主義を逃れられない怪物扱いせず、その言説をふりまく国家をかわしてズレていくことである。ズレてどこに逃げるのかという問いを発するものから距離をとることである。逃げる場所があるから逃げられるのだという思考から逃れることである。

デヴィッド・グレーバーがバーガー・キングやゴールドマン・サックスにも日常のどこにでもコミュニズムが存在しているというように、日常にゾミアも存在できるのである。現に、学校の中にも逃げる子どもたちは健在している。授業に出ず、教室を飛び出し、雨のグラウンドで泥だらけになって転げ回り、職員室の中を走り回って開けてはいけない引き出しを開ける。正常性に対置する狂気を歓待し、アール・ブリュットを社会に招き入れる役割を果たしたジャン・デュビュッフェのように、この転覆的企てに連合すること、文化的に抑圧されたものが爆弾を抱えて戻ってくるようにするための行動が待望されている。(13)

そもそも社会は市場ではない。国家が社会そのものではない。近代国家の外で生きることが不可能とされても、人間を人材とみなす市場社会とその拡張を追及する国家による能力に応じた教育から距離を取ることは、非現実的なことではない。人材ではなく人間として生きあう社会の奥行きを広げることはまだ十分に可能であり、人びとがまとまりなく多様であるために集団のありようが見直され、能力に応じて生存が脅かされるという現在の社会構造を変革し、すべての人が生きあう未来を創出することは断じて不可能ではない。

注

(1) 金井闘争とは、一九七七年当時城北養護学校小学部二年に在籍していた八歳の金井康治が、養護学校に行きたくない、弟や友人と同じ学校に通いたいという意志のもと地域の花畑東小学校へ転校を求め、母親や支援者たちと始めた就学運動である。

(2) 末岡尚文「普通学校就学運動から見る障害児の意志——金井闘争に焦点をあてて」『東京大学大学院教育学研究科基礎教育学研究室　研究室紀要』第四四号、二〇一八年七月

（3）金井律子「ぼくは　てんこうできて　うれしい」毎日新聞社『月刊　教育の森』第5号6巻、一九八〇年、九九頁
（4）金井闘争記録編集委員会『2000日・そしてこれから』千書房、三一一―三一二頁
（5）伊藤書佳「こどものいけん　学校っておもしろい？」労働教育センター『子どもと健康』17号、一九八九年、六五―六七頁
（6）金山福子・真崎一行・長岡弁健「ざせつしかかったけど、気をとりなおして」思想の科学社『思想の科学』第58号、一九八五年、一〇八―一一一頁
（7）小泉零也『僕は登校拒否児である』いけふくろう書店、近刊、二〇二〇年、一八七―一九二頁
（8）同上
（9）桜井智恵子「公教育制度は限界状況か――不登校をめぐる状況を中心に」『平等と卓越性のバランス政策を軸とする自律的公設学校の国際比較』最終報告書、二〇一九年、九―一六頁
（10）NHKニュース「義務教育への通信制導入の是非を議論 文科省は反対」二〇一九年五月二三日 https://www3.nhk.or.jp/news/html/20190523/k10011926321000.html　五月二四日閲覧
（11）コエテコ編集部インタビュー「『チェンジ・メーカー』を作ろう！　日本の教育現場をもっと贅沢に――経済産業省 教育産業室長 浅野大介さん」https://coeteco.jp/articles/10174　五月二四日閲覧
（12）斎藤幸平・桜井智恵子「若者と革命」アドバンテージサーバー『教育と文化』95号、二〇一九年
（13）ミシェル・テヴォー『アール・ブリュット――野生芸術の真髄』杉村昌昭訳、人文書院、二〇一七年、五一頁

参考文献

デヴィッド・グレーバー『負債論――貨幣と暴力の5000年』酒井隆史監訳、高祖岩三郎・佐々木夏子訳、以文社、二〇一六年
桜井智恵子『子どもの声を社会へ』岩波新書、二〇一二年
ジェームズ・C・スコット『ゾミア――脱国家の世界史』佐藤仁監訳、池田一人・今村真央・久保忠行・田崎郁子・内藤大輔・中井仙丈訳　みすず書房、二〇一三年
東京大学大学院教育学研究科小国ゼミ〔編〕『「障害児」の普通学校・普通学級就学運動の証言――1979年養護学校義務化反対闘争とその後』東京大学大学院教育学研究科基礎教育学コース小国喜弘研究室、二〇一七年
ジョアオ・ビール『ヴィータ――遺棄された者たちの生』桑島薫・水野友美子訳、みすず書房、二〇一九年

おわりに

考えてみれば「人は自立しているのが当たり前」というのは、おかしな話です。現在の制度・政策の前提になっている「自立」についてさまざまな側面から研究を持ち寄ろうと、この本づくりは計画されました。社会における富や財の分かち合い方（配分）は「自立」が前提だと、自立しやすい「健常」な個人や働き盛りの男性にまだまだ有利となり、能力開発や自己責任論が「常識」となってしまいます。そこで本書では、その思想原理や配分の仕組みに焦点を当て、たとえば総論にあたる部分では「配分秩序の脱構築」が必要と表現しています。各章では、個の自立に追いやられている人間の存在を問題とし、「自立」前提の状況がどのようにつくられ展開しているかに分け入り、制度・政策の基盤自体を問うています。

執筆メンバーが連なる社会配分研究会は、二〇〇八年一二月に大阪で設立しました。教育、福祉などを中心とした様々な領域に携わる研究者や実践者が集い、月例会を重ね、二〇一二年には最初の本『揺らぐ主体／問われる社会』を上梓しました。

経済成長主義の社会で配分のあり方が問われている、という設立当初の趣意書には、財の配分と能力の配分への問題意識が記されていますが、すぐにはうまく繋げて議論されませんでした。一冊目の本を出した頃、財の配分につながる能力の配分・共同性という論点に私たちは連れ出されました。「能力は個のものではなく共同的」。この認識が共有されていたら、配分の変容を通し人々の排除は画期的に軽減され、社会は持続可能になる。その論理に導かれると、次のテーマとして「自立」を疑うことは自然な流れでもありました。

前の本のあとがきにも記したように、本研究会の母研究会は、尾崎ムゲン先生と岡村達雄先生が主宰する社会文化センターという小さな集まり。一九九一年に刊行した『大英帝国の子どもたち』（S・ハンフリーズ著、山田潤、P・ビリングズリー、呉宏明監訳）の出版に関わった有志がメンバーでした。

「もっと学校を良くするためにとか、学校の再生を願ってとかいった、伝統的なスタンスで学校を論じる立場は依然として主流である」。しかし、そのスタンスからは距離をおき、制度に「過度の思い入れをせず、あるがままの姿でそれをトータルに把握し、その上で、そこにふくまれている問題を批判的に取り扱おう」（岡村・尾崎編『学校という交差点』）とする構えは本研究会にも繋がっています。

時代の動向を、経済と公共性という分析枠組みから光を当て、双方の分析を補完し合いつつ議論を組み立てる。制度の改善で論じるだけではなく制度・政策を導く「経済」を視野に、国家と市民社会の「公共性」の思想状況を把握する。この二つの分析枠組みは、社会配分研究会でも引き継がれています。今回のテーマに取り上げた「自立」の分析もまた、心理や哲学的な分析に沈滞せず、経済と公共性のあり方を射程におさめ、新メンバーも加わり、本づくりの議論が重ねられてきました。

二一世紀に入り、金融資本主義のあまりの傍若無人な振る舞いに、経済の配分問題が世界的な論点の中心に戻ってきています。一〇〇カ国以上の世界の若者も「自分たちの未来を奪うな」と環境と経済を結びスクールストライキを展開しています。学校での「政治的中立性」の名の下に、子ども若者から政治的な議論を奪ってきた日本は、残念ながら世界の動向からは遅れをとっています。しかし、教育や福祉などの問題をトータルに論じようとする分析枠組みから、能力の共同性を中心とした社会を展望し「自立」を問う本書は、必然的にこれらの動きに連動しているようにも思えます。インパクト出版会の深田さん、須藤さんには私たちの仕事の意味を認め、今回も出版を引き受けていただき、心よりお礼を申し上げます。

研究会メンバーは、それぞれ多忙な現場で熱量の高い問題意識を得ているからこそ、考えること、書くことにエネルギーを与えられ、それをオープンに議論してきました。研究会は、それぞれの能力は個人のものではなく、分かち持たれていると実感する場でもありました。そこで、それぞれの思い込みや落ち込み、ルーズさ、勤勉さがぶつかり混ざり合い、時に休んだり、忘れたりすることこそが、人が生きるための「持続可能なしくみ」であると私は知らされています。能力はひとりのものではありえない。パンデミックが世界を席巻し、新自由主義の問題がより広く知られるようになりました。市場経済を社会の隅々まで貫くことによる社会の活性化という考え方が、いかに危機に対して脆弱な社会を作ってしまったかという反省も一定広がっています。これからの社会の行く末はますます目が離せません。ぜひ、本書をたくさんの方に読んでいただき、さらなる議論の仲間に加わっていただきますように。

二〇二〇年春

社会配分研発起人　　桜井 智恵子

索　引

【た行】

【な行】

【は行】

【ま行】

【や行】

【ら行】

【わ行】

田口 康明（たぐち やすあき） 第9章

鹿児島県立短期大学教授。「OECD・PISAがもたらした『教育』の変容」（教育政策2020研究会編『公教育の市場化・産業課を超えて』八月書館、2016)、「教育計画における行政評価のあり方」（公教育計画学会編『公教育計画研究年報第4号』、2014）など。

元井 一郎（もとい いちろう） 第10章

四国学院大学文学部教授。「地域づくりと公教育」（教育政策2020研究会編『公教育の市場化・産業化を超えて』八月書館，2016)、「教育公務員特例法の改正と『育成指標』」（『公教育計画研究』10号、公教育計画学会編、2019年12月）など。

四方 利明（しかた としあき） 第11章

立命館大学教授。『学校の建築と教育』（阿吽社、2018)、『学校建築の諸相』（阿吽社、2012）など。

岡崎 勝（おかざき まさる） 第12章

名古屋市立小学校非常勤講師、フリースクール「アーレの樹」理事。編著『学校に行かない子との暮らし』（ジャパンマシニスト社、2019）など。

西田 浩之（にしだ ひろゆき） 第14章

保育士。「働くって何やねん！〜保育という労働に思うこと〜」（『はらっぱ』第377号、2017)、「小学校では遅すぎる？どこまで早めるの？——早期英語教育の実態」（『教育と文化』第75号、2014)。

伊藤 書佳（いとう ふみか） 第15章

不登校・ひきこもりについて当事者と語りあう いけふくろうの会。「ダメ、ゼッタイ。教育機会確保法案——責任を学校に行っていない人に押しつけてどうする」（『季刊福祉労働』第153号、2016)、「分断を拒否して、シャバで、共に人間する」（『社会臨床雑誌』第25巻 第1号、2017)。

執筆者のプロフィール

広瀬 義徳（ひろせ よしのり） 序文・第1章・第5章
関西大学教授。編著『揺らぐ主体／問われる社会』（インパクト出版会、2013)、「教育産業の多角的展開とその公教育関与の背景」（教育政策2020研究会編『公教育の市場化・産業化を超えて』八月書館、2016）など。

桜井 啓太（さくらい けいた） 序文・第2章・第4章
立命館大学准教授。『〈自立支援〉の社会保障を問う――生活保護・最低賃金・ワーキングプア』（法律文化社、2017）など。

桜井 智恵子（さくらい ちえこ） 第3章・おわりに
関西学院大学教授。『市民社会の家庭教育』（信山社、2005)、『子どもの声を社会へ』（岩波新書、2012)、『教育は社会をどう変えたのか――個人化をもたらすリベラリズムの暴力』（明石書店、2021)、共著で『「民意」と政治的態度のつくられ方』（太田出版、2020）など。

迫川 緑（さこがわ みどり） 第6章・第13章
関西テレビ放送、1992年報道局配属。「カイカクの国～自立支援という名の法律」(2005)、「報道スペシャル～雇用破壊」(2006)、「想いを伝えて～阪神淡路大震災　父子が歩んだ20年」(2015)などのディレクターを務める。映画「みんなの学校」（監督：真鍋俊永）を企画。

岡村 優努（おかむら ゆうと） 第7章
国語科教員。「教育機会確保法をめぐる議論」（『はらっぱ』第389号、2019)。

濱口 一郎（はまぐち いちろう） 第8章
社会福祉協議会職員。「福祉の社会化」研究会。

自立《じりつ》へ追《お》い立《た》てられる社会《しゃかい》

2020年 7月 5日　第1刷発行
2021年 9月 20日　第3刷発行

編　者　広 瀬　義 徳
　　　　桜 井　啓 太
発行人　深 田　　 卓
装幀者　宗　利　淳 一
発　行　インパクト出版会

〒113-0033　東京都文京区本郷 2-5-11　服部ビル 2F
Tel 03-3818-7576　Fax 03-3818-8676
E-mail：impact@jca.apc.org　http://impact-shuppankai.com/
郵便振替　00110-9-83148

印刷・製本　モリモト印刷

インパクト出版会の本

揺らぐ主体／問われる社会

桜井智恵子・広瀬義徳 編

監視し合い停止させられていた思考を取り戻すため、
さぁ過剰になったものを縮小しよう。脱成長の社会へ。

目次

2013年12月刊行　定価1800円＋税　ISBN 978-4-7554-0243-5